BIRGIT LAUE

BABY 1x1

Die wichtigsten Hebammentipps fürs erste Jahr

DIE GU-QUALITÄTSGARANTIE

Wir möchten Ihnen mit den Informationen und Anregungen in diesem Buch das Leben erleichtern und Sie inspirieren, Neues auszuprobieren. Bei jedem unserer Produkte achten wir auf Aktualität und stellen höchste Ansprüche an Inhalt, Optik und Ausstattung.
Alle Informationen werden von unseren Autoren und unserer Fachredaktion sorgfältig ausgewählt und mehrfach geprüft. Deshalb bieten wir Ihnen eine 100 %ige Qualitätsgarantie.

Darauf können Sie sich verlassen:
Wir bieten Ihnen alle wichtigen Informationen sowie praktischen Rat – damit können Sie dafür sorgen, dass Ihre Kinder glücklich und gesund aufwachsen. Wir garantieren, dass:
- alle Übungen und Anleitungen in der Praxis geprüft und
- unsere Autoren echte Experten mit langjähriger Erfahrung sind.

Wir möchten für Sie immer besser werden:
Sollten wir mit diesem Buch Ihre Erwartungen nicht erfüllen, lassen Sie es uns bitte wissen! Wir tauschen Ihr Buch jederzeit gegen ein gleichwertiges zum gleichen oder ähnlichen Thema um. Nehmen Sie einfach Kontakt zu unserem Leserservice auf. Die Kontaktdaten unseres Leserservice finden Sie am Ende dieses Buches.

GRÄFE UND UNZER VERLAG. *Der erste Ratgeberverlag – seit 1722.*

INHALT

WILLKOMMEN AUF DER WELT, BABY!
Frisch eingetroffen 6

JUCHHEI, HIER KOMMT DER ERSTE BREI!
Auf den Löffel, fertig, los! 48
Rund um die Beikostmahlzeit 58

GUT ERNÄHRT VON ANFANG AN
Stillen – so gelingt der Start 12
Das Stillen spielt sich ein 18
Hürden beim Stillen meistern 26
Stillen in besonderen Situationen 34
So geht's auch – Fläschchen fürs Baby 38

LIEBEVOLLE BABYPFLEGE
Bitte einmal waschen, schneiden, pflegen … 64
Liebe geht über die Haut – Babymassagen 72
Hülle und Schutz – Babys Kleidung 76
Babys kleines Königreich 80

SO ENTWICKELT SICH IHR BABY

Die körperliche Entwicklung 88
*Babys seelische und geistige
Entwicklung 96*
Schlaf, Baby, schlaf! 102
*»Bitte nicht weinen, Baby!« –
Schreibabys 110*

BABYS GESUNDHEIT

Gesundheitsvorsorge fürs Baby 118
Hautprobleme lindern 128
Erkältung und Fieber behandeln 132
Hilfe bei Verdauungsstörungen 138

HALLO, GROSSE WEITE WELT!

Mit Baby unterwegs 144
*Raus aus dem Alltag –
Urlaub mit Baby 150*

SERVICE – ZUM NACHSCHLAGEN

*Bücher und Adressen,
die weiterhelfen 156*
Register 158
Impresssum 160

WILLKOMMEN AUF DER WELT, BABY!

♥ *Frisch eingetroffen* 6

FRISCH EINGETROFFEN

Mit der Geburt Ihres Kindes hat Ihr Leben einen neuen Mittelpunkt erhalten. Fragen über Fragen beschäftigen Sie nun: Trinkt unser Kind genug? Entwickelt es sich normal? Ist ihm zu kalt? Zu warm? Warum schreit es? Wieso schläft es so lange?

In unserer Gesellschaft mit ihren Klein- und Kleinstfamilien gibt es heutzutage kaum noch Gelegenheit, eine »Lehrzeit« als Mutter oder Vater zu erfahren. Die Unsicherheiten junger Eltern im Umgang mit ihrem neugeborenen Baby sind daher oft groß.

Doch seien Sie beruhigt: Auf die elementaren Wünsche ihres Kindes reagieren so gut wie alle Eltern intuitiv richtig. Sie wissen gewöhnlich sehr genau, was zu tun ist, wenn ihr Baby Hunger oder Durst hat, wenn seine Windel voll ist, wenn es erschrickt oder ein fieberhafter Infekt die Ursache für sein Schreien ist. Ein reifes, gesundes Baby ist zudem erstaunlich robust und zeigt meist selbst, was es mag oder nicht mag.

GEBORGENHEIT VON ANFANG AN

Wenn Sie Ihr Kind aufmerksam beobachten, lernen Sie sehr schnell, sinnvoll auf seine Bedürfnisse zu reagieren. In einer Atmosphäre der Geborgenheit, Fürsorge und Zuwendung kann es Urvertrauen entwickeln und nach und nach seine Welt entdecken. So wird es immer selbstständiger – und Sie wachsen gemeinsam!

DER ERSTE HAUTKONTAKT

Das Fühlen und der intensive Hautkontakt gleich nach der Geburt bieten Ihrem Kind einen sicheren Übergang von der vertrauten Geborgenheit im Mutterleib zur noch fremden Außenwelt. Gleichzeitig wird es auf natürliche Weise gewärmt, und sein noch instabiler Wärmehaushalt wird unterstützt. Der kindliche Organismus macht erste Bekanntschaft mit der Bakterienflora Ihrer Haut, das fördert Babys Immunsystem und verstärkt den sogenannten Nestschutz (die Antikörper des mütterlichen Immunsystems, die auf das Kind übertragen werden). Auch für die Entfaltung der Sinne ist ein enger Körperkontakt bedeutsam. Das erste Fühlen, Riechen, Hören, Sehen im Schutz von Mamas vertrautem Körper bekräftigt das vorgeburtliche Urvertrauen: Zuneigung und Liebe können so wachsen.

BONDING UND BINDUNG

Unsere Sprache bringt es treffend zum Ausdruck: Die Schwangerschaft als Phase der körperlichen und geistig-seelischen Bindung zwischen Mutter und Kind endet mit der Entbindung. Ab dem Moment der Geburt wird ein neuer Bund geschlossen: Eine lebenslange, innige Verbundenheit zwischen Eltern und ihrem Kind beginnt zu wachsen – diese langsame Entwicklung nennt man »Bonding«. Das Urvertrauen des Neugeborenen wird gefördert. Für das Anbahnen dieser Bindung sind die ersten Stunden und Tage nach der Geburt wesentlich. Sie sind die Basis einer der wichtigsten menschlichen Fähigkeiten: gesunde Beziehungen zu anderen eingehen und erhalten zu können.

Es gibt allerdings auch unerwartete Situationen, in denen die ersten Stunden völlig anders verlaufen, etwa nach einem Notfall-Kaiserschnitt oder nach einer Frühgeburt. Das Bonding ist dann aber auf keinen Fall für alle Zeit gestört. Es kann auch später noch aufgebaut und ebenso reich an Erfahrungen werden. Für eine gute Eltern-Kind-Bindung sind die unzähligen gemeinsamen Stunden, in denen Eltern und Kind lernen, ihr Verhalten aufeinander abzustimmen, ebenso wertvoll.

Ein frühzeitiger erster Hautkontakt vermittelt dem Baby Geborgenheit und hilft ihm, auf dieser Welt heimisch zu werden.

Nach der Geburt: sich liebevoll begrüßen

Wenn alles in Ordnung ist, genießen Sie die erste Stunde nach der Geburt allein und ungestört mit Ihrem Baby. Routineuntersuchungen haben in den meisten Fällen erst einmal Zeit. Gut abgetrocknet und mit einem warmen, trockenen Handtuch zugedeckt, kann Ihr Baby sofort nach der Geburt auf Ihren Bauch oder in Ihren Arm gelegt werden. Ein Mützchen schützt den noch feuchten Kopf vor Wärmeverlust. Der erste Blickkontakt fördert die emotionale Nähe, es entsteht sofort ein Dialog zwischen Ihnen und Ihrem Kind. Legen Sie Ihr Kind an, sobald es die Brustwarze sucht. Babys, die Mamas Brust selbst finden dürfen, entwickeln später oft ein besseres Saugverhalten.

Frühes Anlegen

Etwa eine halbe Stunde nach der Geburt ist der Saugreflex des Neugeborenen am stärksten ausgeprägt: Ihr Baby findet Ihre Brustwarze aus eigenem Antrieb. Wenn Sie stillen möchten, genießen Sie diesen einzigartigen Moment. Das frühe Anlegen stimuliert die Ausschüttung der für den Stillvorgang wichtigen mütterlichen Hormone Prolaktin und Oxytozin. Es ist bewiesen, dass früh angelegte Kinder ein besseres Saugverhalten zeigen. Das Stillen wird unkomplizierter, häufig stillen die Mütter insgesamt länger. Beim Stillen entwickelt Ihr Kind auf einfache, natürliche Weise Vertrauen, die in der Schwangerschaft entstandene Beziehung setzt sich fort. Es hört den vertrauten Herzschlag, der intensive Blickkontakt verstärkt die Gefühle füreinander.

Nähe tut dem Baby gut

Ihr Baby war neun Monate in Ihrem Bauch und hat Sie rund um die Uhr hautnah gespürt. Dieses Gefühl können Sie ihm jetzt wiedergeben, wenn Sie es möglichst viel und lange bei sich haben. Wenn Sie im Krankenhaus entbunden haben, legen Sie Wert auf Rooming-in, bei dem Sie Ihr Kleines rund um die Uhr in der Nähe haben und es selbst versorgen können. Das macht Sie geübt und sicher im Umgang mit Ihrem Baby.

4

Auch nachts braucht das Baby Nähe

Babys schlafen am liebsten ganz dicht bei Mama oder Papa – nehmen Sie, wenn Sie dies möchten, Ihr Kind also ruhig mit in Ihr Bett. Besonders wenn Sie tagsüber sehr beschäftigt oder berufstätig sind, ist der nächtliche Körperkontakt eine gute Möglichkeit, sich nah zu sein. Dadurch verwöhnen Sie Ihr Kind nicht, wie oft behauptet wird, sondern nehmen ihm die Furcht vor einer Trennung in der Dunkelheit. Je mehr es spürt, dass eine vertraute Person in der Nähe ist, umso geborgener und beschützter wird es sich fühlen. Es lernt, dass Schlaf ein angstloser Zustand ist, in den man wohlig hineingleiten kann. Diese Sicherheit wird sich auf sein künftiges Schlafverhalten auswirken. Eine gute Voraussetzung für den späteren Umzug ins eigene Bett …

Das spricht fürs Familienbett

Es gibt sogar Studien, die besagen, dass das Schlafen im Familienbett das Risiko des plötzlichen Kindstods (siehe Nr. 201) verringert. Dies gilt jedoch nur unter ganz bestimmten Voraussetzungen:

- ♥ Die Schlafunterlage ist eher hart. Tabu ist gemeinsames Schlafen im Wasserbett oder auf einem weichen Sofa.
- ♥ Es gibt keine Ritzen oder Spalten, in die das Baby während des Schlafs rutschen kann.
- ♥ Das Baby liegt in seinem Schlafsack und hat weder Decke noch Kissen.
- ♥ Haben Sie Alkohol getrunken, starke Medikamente genommen oder geraucht, gehört Ihr Kind nicht ins Familienbett.

5

Kann man ein Neugeborenes verwöhnen, wenn man es zu viel herumträgt?

Nein, im Gegenteil: Wenn Sie Ihr Baby nah bei sich spüren, lernen Sie es besser kennen und werden vertraut mit seinen Eigenheiten. Getragene Kinder sind zufriedener und ruhiger, der innige Körperkontakt befriedigt das natürliche Bedürfnis eines Neugeborenen nach Sicherheit und Geborgenheit. Es muss sich erst daran gewöhnen, »allein« zu sein. Viele Säuglinge halten das Alleinsein nur kurz aus, brauchen dann Mama oder Papa wieder um sich: ein völlig normales, gesundes Verhalten für ein Neugeborenes!

Praktisch: ein Tragetuch

Wenn Ihnen das Herumtragen zu anstrengend wird, probieren Sie doch ein Tragetuch aus (siehe Nr. 286). Damit sind Sie flexibler und Ihr Rücken wird entlastet. Die meisten Babys lieben das Tragetuch, weil es sie ans sanfte Schaukeln im Mutterleib erinnert. Ihre Hebamme kann Ihnen zeigen, wie Sie es richtig binden.

GUT ERNÄHRT VON ANFANG AN

- ♥ Stillen – so gelingt der Start *12*
- 🎻 Das Stillen spielt sich ein *18*
- ❁ Hürden beim Stillen meistern *26*
- ❧ Stillen in besonderen Situationen *34*
- 🦋 So geht's auch – Fläschchen fürs Baby *38*

STILLEN – SO GELINGT DER START

Stillen ist einfach die natürlichste Sache der Welt. Damit die Stillzeit zu einer entspannten und freudvollen Phase gemeinsamen Wachsens wird, dürfen Sie und Ihr Kind das Stillen erst einmal in Ruhe erlernen und üben.

Muttermilch ist ein kostbares Geschenk der Natur. Ein Stillkind wächst und gedeiht zunächst allein mit dem, was ihm seine Mutter zur Verfügung stellt – selbstverständlich und doch ein Wunder! Stillen dient aber nicht nur der Nahrungsaufnahme, es nährt auch die seelischen und geistigen Bedürfnisse des Kindes. Jeder Stillbeginn und -vorgang verläuft unterschiedlich. Nicht alles lässt sich planen, doch es kann eine große Hilfe sein, sich vorab zu informieren. Während der Stillzeit stehen Ihnen Hebammen und Stillberaterinnen bei Fragen oder Problemen jederzeit zur Seite.

DAS ERSTE MAL

Ihr Baby kommt mit einem angeborenen Such- und Saugreflex zur Welt. In den ersten 20 bis 60 Minuten nach der Geburt ist er besonders stark ausgeprägt. Wenn Routinemaßnahmen wie Wiegen, Messen, Baden und anderes warten können, wird das Neugeborene nicht gestört und findet den Weg zur verheißungsvollen Milchquelle von ganz allein: Der fruchtwasserähnliche Duft der Brustwarze lockt es an. Ihr Baby merkt sich das schöne und lustvolle Erlebnis des ersten Saugens und erinnert sich beim nächsten Anlegen daran.

FRÜHES ANLEGEN IST WICHTIG

Das frühe erste Anlegen hat große Vorteile für Sie und Ihr Kind:

- Ihre Milchproduktion wird angeregt und die Menge an kostbarer Vormilch nimmt zu. Sie ist für das Neugeborene optimal verdaulich, macht satt und unterstützt das noch unreife Immunsystem.
- Babys Verdauung kommt schneller in Gang und der erste Stuhlgang wird rascher ausgeschieden. Das beugt einer Neugeborenengelbsucht vor.
- Sie verlieren weniger Blut, weil sich Ihre Gebärmutter durch das Still- und Wehenhormon Oxytozin gut zusammenzieht. Wenn die Plazenta sich noch nicht gelöst hat, werden durch ein frühes Anlegen die Nachgeburtswehen unterstützt.
- Der Aufbau der Beziehung zwischen Ihnen beiden wird gefördert. Oxytozin wird auch als »Liebeshormon« bezeichnet: Es hilft uns, uns körperlich und seelisch zu öffnen. Die größte Oxytozinausschüttung haben Frauen beim Orgasmus, bei der Geburt ihres Kindes und beim Stillen. Auch Männer produzieren Oxytozin, bauen es aber durch die männlichen Geschlechtshormone schneller wieder ab.

VORMILCH

Anfangs produziert die Brust Milch nur in geringen Mengen: das sogenannte Kolostrum, die Vormilch. Das hat einen wichtigen Grund: Der Magen Neugeborener ist noch winzig, er wäre mit mehr Milch schlichtweg überfordert. Zwar ist die Menge der Vormilch sehr gering, doch sie erhält in hochkonzentrierter Form und perfekter Zusammensetzung alles, was Ihr Baby jetzt braucht, und versorgt es mit den wichtigsten Nähr- und Abwehrstoffen. Außerdem kann die sehr kalorienreiche, gelblich-sahnige Vormilch von Babys noch unreifem Darm schon optimal verdaut werden. Durch die leicht abführende Wirkung der Vormilch wird der erste Stuhlgang des Kindes schneller ausgeschieden und damit sinkt auch die Gefahr einer Neugeborenengelbsucht. Überdies enthält die Milch viele wertvolle Immunstoffe.

Stillen fördert den Aufbau einer innigen Mutter-Kind-Beziehung.

ÜBERGANGSMILCH UND REIFE MILCH

Nach drei bis fünf Tagen bildet sich, wenn Ihr Kind regelmäßig saugt, für etwa zwei Wochen die Übergangsmilch, die weniger Eiweiß, aber mehr Kohlenhydrate und Fette enthält. Ab etwa dem 14. Tag spricht man dann endgültig von »reifer« Muttermilch, die sich in ihrer Zusammensetzung die ganze Stillzeit über den Bedürfnissen des Kindes optimal anpasst.

Die erste Portion der reifen Milch, die Vordermilch, sieht noch wässrig und durchscheinend aus. Sie stillt vor allem den Durst. Über den Milchspendereflex wird dann die fettreichere Hintermilch freigesetzt, die weißer und üppiger erscheint. Die Farbe der Milch ändert sich im Verlauf einer Stillmahlzeit je nach ihrer aktuellen Zusammensetzung.

Wenn die Milch »einschießt«

In den Umstellungszeiten von der Vormilch zur Übergangsmilch und anschließend zur reifen Muttermilch kann Ihre Brust spannen, weil sie sich an die Bildung größerer Mengen Milch erst gewöhnen muss. Bei manchen Frauen verläuft dieser Übergang sanft, bei anderen »schießt« die Milch regelrecht ein. Dann fühlt sich die Brust schwer, heiß und prall an und ist sehr schmerzempfindlich. Zur Entlastung können Sie vor dem Stillen Ihre Brust mit warmen Kompressen, einem Kirschkernsäckchen oder unter der Dusche wärmen, sodass die Milch gut fließen kann. Manchmal ist die Brust jetzt so prall, dass das Baby die Brustwarze nicht richtig fassen kann. Streichen Sie vor dem Stillen etwas Milch aus; Ihre Hebamme zeigt Ihnen gern, wie's geht. Stillen Sie in dieser Phase so oft wie möglich, das ist die beste »Medizin« gegen mögliche Beschwerden.

Hilfe aus Großmutters Apotheke

Ausgesprochen schmerzlindernd bei Stauungen der Brustdrüse ist der gute alte Kohlwickel: Weißkohl- oder Wirsingblätter (am besten in Bioqualität) von der Mittelrippe befreien. Mit dem Nudelholz walken, bis etwas Saft austritt. In eine Mullwindel einschlagen und warm bügeln, bis alle Blattrippen weich sind. Dann direkt auf die Brust legen. Ein Tuch schützt die Kleidung. Lassen Sie den Wickel etwa eine Stunde liegen. Wird der Kohl braun oder fängt an zu riechen, nehmen Sie ihn ab. Danach die Brust mit warmem Wasser abwaschen, um das Baby nicht durch den fremden Geruch zu irritieren.

Ein Wickel aus Kohlblättern lindert die Schmerzen bei Stauungen der Brustdrüse.

Das Baby richtig anlegen

Um effektiv zu saugen und den Milchspendereflex zu stimulieren, ist es wichtig, dass Ihr Baby nicht nur an der Brustwarze nuckelt, sondern einen großen Teil des Warzenhofs mit seinen Lippen umfasst. Dabei können Sie ihm helfen: Bieten Sie ihm die Brust im sogenannten C-Griff an. Legen Sie den Daumen oberhalb und die Finger unterhalb der Brustwarze auf die Brust. Der Abstand zur Brustwarze beträgt jeweils etwa drei Zentimeter. Heben Sie die Brust leicht an. Drücken Sie Daumen und Finger mit sanftem Druck Richtung Brustkorb und führen sie gleichzeitig mit leichtem Druck in Richtung Brustwarze zusammen, sodass sich der Warzenhof zusammenschiebt. Wenn Ihr Baby den Mund öffnet, nehmen Sie es zu sich heran, sodass es die Brustwarze gut fassen kann. Wichtig: Bringen Sie das Kind zur Brust und nicht die Brust zum Kind!

Den Saugschluss lösen

Wenn Sie merken, dass Ihr Kind nicht richtig saugt, nehmen Sie es sanft von der Brust, indem Sie Ihren kleinen Finger in seinen Mundwinkel schieben, um das Vakuum sanft zu lösen. Starten Sie dann einfach einen neuen Versuch. Auch Ihr Baby braucht ein wenig Zeit, um das Stillen erst einmal zu lernen.

Bevor Sie Ihr Kind von der Brust nehmen, lösen Sie mit dem kleinen Finger den Saugschluss.

Daran erkennen Sie, dass Ihr Baby richtig trinkt

- Es macht erkennbare Saug- und Schluckbewegungen und bewegt dabei die ganze Muskulatur vom Kiefer bis zum Ohr.
- Sie hören, wie Ihr Baby schluckt.
- Die Nase Ihres Babys befindet sich ganz dicht an der Brust.
- Seine Lippen sind nach außen gestülpt, es macht ein »Fischmündchen«.
- Auch wenn es vielleicht beim Ansaugen zu leichten Schmerzen in der Brust kommt: Das eigentliche Trinken sollte nicht schmerzhaft sein.
- Der Saugrhythmus verändert sich während der Stillmahlzeit – zum Anregen des Milchflusses sind die Bewegungen erst schnell und flach und werden dann beim Trinken ruhig und effektiv.
- Ihre Brüste sind nach dem Stillen etwas weicher als vorher, weil sie nun weniger prall gefüllt sind.

Auf dem Stillkissen liegt Ihr Baby bequem und Ihr Rücken ist entlastet.

Empfehlenswerte Stillpositionen

Sie können Ihr Kind im Liegen, im Sitzen, im Stehen oder sogar beim Gehen stillen. Die Hauptsache ist immer, dass Ihr Baby die Brust gut fassen kann – und dass Sie beim Stillen entspannt sind, denn andernfalls wird der Milchspendereflex möglicherweise durch Ihre Stressgefühle und Ihre Anspannung blockiert. Die gängigsten Stillpositionen sind der Wiegegriff (Sie halten Ihr Baby »Bauch an Bauch«), der Rückengriff (Po und Beinchen des Babys befinden sich unter Ihrer Achsel; es ist quasi »unter den Arm geklemmt«) oder liegend in Seitenlage. Lassen Sie sich in der Klinik beziehungsweise von Ihrer Hebamme die verschiedenen Möglichkeiten zeigen.

Machen Sie es sich bequem

Wichtig ist bei allen Stillpositionen, dass sich Ihr Baby nicht verrenken muss, um an Ihrer Brust zu saugen. (Versuchen Sie einmal, etwas zu trinken, während sich Ihr Kopf in Schräglage befindet!) Machen Sie es also Ihrem Baby so bequem wie möglich und achten Sie darauf, dass sein Ohr, seine Schulter und seine Hüfte eine Linie bilden. Probieren Sie aus, welche Position auch Ihnen am meisten zusagt. Gerade zu Beginn der Stillzeit ist es aber empfehlenswert, die Stillpositionen häufig zu wechseln. So beugen Sie einem Milchstau (siehe Seite 29) vor.

Eine gute Stütze: das Stillkissen

Dank flexibler Innenfüllung eignet sich dieses schlauchförmige Accessoire für viele verschiedene Still- und Lagerungspositionen. Verspannungen der Schulter-, Nacken- und Rückenmuskulatur und wunde Brustwarzen durch falsches Anlegen lassen sich damit vermeiden, denn ein Stillkissen bietet Ihrem Baby eine ideale Auflage und Ihnen eine gesunde Entlastung. Regelmäßig testen Institute wie Öko-Test die Füllstoffe der »Stillwürste«. An den Ergebnissen können Sie sich gut orientieren. Schauen Sie sich vor dem Kauf am besten mehrere Kissen an und probieren Sie sie möglichst auch aus. Manche Hebammen haben Testmodelle verschiedener Hersteller in ihrer Praxis. Achten Sie darauf, dass Sie den Bezug waschen und den Füllgrad verändern können. Manchmal sind die Kissen nämlich viel zu prall gefüllt und lassen sich dann nicht gut handhaben. Einige Kissen werden bereits mit Bezug angeboten, bei anderen muss er extra dazugekauft werden. Ein Preisvergleich lohnt sich daher.

11

Das Bäuerchen danach

Beim Bäuerchen wird Ihr Kind geschluckte Luft wieder los, dies beugt oft Spucken und Verdauungsbeschwerden vor. Legen Sie es nach dem Trinken über Ihre Schulter auf ein Spucktuch und beklopfen Sie seinen Rücken von unten nach oben sanft mit der hohlen Hand. Oder Sie legen sich Ihr Kind auf den Schoß und streichen zart von hinten nach vorn über die Fontanelle. Vermutlich löst bereits diese sanfte Berührung über die Hirnflüssigkeit eine Stimulation der Hirnrinde und den gewünschten Reflex aus. Das Aufstoßen erfolgt meist nach wenigen Minuten. Falls nicht, hat Ihr Kind diesmal vielleicht nicht viel Luft geschluckt. Manchmal tut sich auch stundenlang nichts, bis es plötzlich laut herausrülpst. Schläft Ihr Kind an der Brust ein, was nachts oft der Fall ist, müssen Sie es nicht zum Aufstoßen wecken. Legen Sie es ruhig in Rückenlage ins Bettchen. Es meldet sich selbst, wenn es noch Luft loswerden will.

Babys Schutzreflexe

Sie brauchen sich keine Sorgen zu machen, dass Ihr Baby an hochbeförderter Nahrung ersticken könnte. Das flüssige Aufstoßen (Regurgitation) ist bei Babys im ersten Lebensjahr noch völlig normal und geschieht häufiger, als man denkt. Nur bei einer größeren Menge werden Sie es überhaupt bemerken. Dann nämlich, wenn durch die Speiseröhre Ihres Kindes etwas Milch bis in den Mund hochsteigt und ausgespuckt wird. Es ist jedoch äußerst unwahrscheinlich, dass sich Ihr Kleines an Milch verschluckt. Denn jedes gesunde Baby verfügt über Schutzreflexe, die auch in Rückenlage zuverlässig funktionieren.

12

Ist es richtig, dass Stillkinder keinen Schnuller bekommen sollen?

In den ersten Lebenstagen und -wochen lernt ein Baby noch das Saugen an der Brust. »Schnullern« und Brusttrinken sind zwei verschiedene Techniken und manche Kinder geraten durcheinander, wenn ihnen beide zeitgleich angeboten werden. Man spricht dann von einer Saugverwirrung. Diese kommt zwar nicht bei allen Babys vor, doch wenn sie einmal aufgetreten ist, wird es schwer, die Kleinen wieder an die Brust zu gewöhnen. Daher lautet die Empfehlung, dass Babys erst dann einen Schnuller bekommen sollten, wenn sie ohne Probleme an der Brust trinken. In der Regel ist dies nach vier bis sechs Wochen der Fall. Wählen Sie dann ein Schnullermodell, das der Brustwarze möglichst ähnlich ist. Hervorragend geeignet sind dazu Beruhigungssauger aus Naturkautschuk mit einer runden Kirsche und weichem Schild.

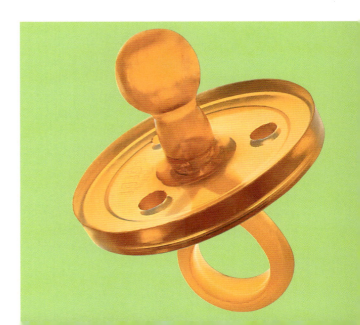

DAS STILLEN SPIELT SICH EIN

Stillkinder verändern im Laufe der ersten Monate immer wieder ihre Rhythmen. Auch die Anzahl und die Dauer der Mahlzeiten schwanken. Stillen Sie einfach nach Bedarf. So spielen Sie und Ihr Kind sich am besten aufeinander ein und Sie lernen schnell, seine Reaktionen zu deuten.

Die meisten Kinder nehmen nach der Geburt zunächst einmal bis zu sieben Prozent ihres Geburtsgewichts ab. Das ist ganz normal, denn jetzt wird das angesammelte Kindspech ausgeschieden und Wasser abgegeben. Nach zwei bis drei Wochen haben die meisten Babys ihr Geburtsgewicht wieder erreicht.

ALLMÄHLICHE GEWICHTSZUNAHME

Je öfter ein Baby an der Brust trinkt, umso schneller nimmt es nach der anfänglichen Gewichtsabnahme wieder zu. Nach zwei bis drei Wochen sollte das Geburtsgewicht wieder erreicht sein. In den ersten drei Monaten nehmen Säuglinge dann etwa 110 bis 250 Gramm pro Woche zu. Danach reduziert sich die Zunahme auf wöchentlich etwa 90 bis 150 Gramm bis zum sechsten Monat. Im zweiten Lebenshalbjahr sollten die Kinder etwa 40 bis 90 Gramm pro Woche zunehmen.

Die Berechnung der Gewichtszunahme geht vom niedrigsten Gewicht nach der Geburt aus, nicht vom Geburtsgewicht. Ein gestilltes Baby hat sein Geburtsgewicht mit fünf bis sechs Monaten etwa verdoppelt.

Stillen nach Bedarf

Lassen Ihr Baby so oft trinken, wie es mag, und so lange, bis es satt ist. Trinkt es oft, steigert sich die Milchmenge, wird es weniger häufig angelegt oder werden Stillmahlzeiten durch andere Nahrung ersetzt, wird die Milch weniger. In den ersten Lebenstagen sollte ein Säugling wenigstens sechs, besser acht bis zwölf Milchmahlzeiten innerhalb von 24 Stunden trinken. Es ist dabei völlig normal, dass Babys ihren Stillrhythmus immer wieder verändern und zum Beispiel bei Wachstumsschüben häufiger als sonst nach der Brust verlangen. Mit drei Monaten nehmen die meisten Stillkinder sechs bis acht Stillmahlzeiten in 24 Stunden ein.

Wie groß ist die Trinkmenge?

Auch die Trinkmenge pro Mahlzeit ist bei Stillkindern recht unterschiedlich, sie regulieren ihren Bedarf ja selbst. Mal trinken sie mehr, mal weniger. Es gibt eine Faustregel: Die Trinkmenge in 24 Stunden sollte bei voll gestillten Kindern ab dem vierten Monat ein Siebtel des Körpergewichts in Millilitern betragen. Wenn Ihr Kind sechs Kilo wiegt, trinkt es täglich rund 850 Milliliter. Da Sie aber nicht genau wissen, wie viel Ihr Kind bei einer Stillmahlzeit trinkt, hilft Ihnen das nicht viel weiter. Machen Sie sich deshalb keine unnötigen Sorgen. Beobachten Sie Ihr Kind und vertrauen Sie in Ihre Stillfähigkeit.

Trinkt das Baby genug?

Viele Frauen haben das Bedürfnis, sich davon zu überzeugen, dass sie ihrem Kind genug Milch geben. Es kommt dabei aber nicht auf die Trinkmenge pro Mahlzeit, sondern auf das gute Gedeihen des Kindes an. Sichere Anzeichen dafür sind diese (siehe auch Nr. 8):

- Ihr Baby hat ein rosiges Aussehen und einen warmen Körper.
- Ihr Kind macht insgesamt einen zufriedenen Eindruck.
- Die große Fontanelle (Knochenlücke am Kopf des Babys) ist nicht eingesunken.
- Ihr Kind hat sechs bis acht nasse Stoffwindeln oder vier bis sechs schwere Höschenwindeln am Tag, der Urin ist hell und geruchlos.
- Die Stühle sind altersgemäß und haben keinen üblen Geruch.
- Ihr Kind trinkt mindestens sechs bis acht Mahlzeiten am Tag, wobei es kräftig saugt und hörbar schluckt.
- Ihre Brust fühlt sich nach der Mahlzeit wieder etwas weicher an.
- Es gibt neben unterschiedlich langen Schlafphasen immer Zeiten, zu denen Ihr Baby wach und interessiert ist.
- Ihr Kind nimmt stetig an Gewicht zu.

> Macht Ihr Baby einen fröhlichen, zufriedenen Eindruck, können Sie sicher sein, dass es gut versorgt ist.

Brauchen Babys zusätzlich zum Stillen noch Flüssigkeit?

Gesunde, reife Stillkinder brauchen keine zusätzliche Flüssigkeit, sie stillen Hunger und Durst von Anfang an ausschließlich mit Muttermilch, von Ausnahmen abgesehen (etwa bei großer Hitze im Sommer oder bei trockener Heizungsluft). Eventuell möchten sie im Sommer öfter trinken, zum Beispiel kann es sein, dass Ihr Baby halbstündlich ein bis zwei Minuten saugen möchte. So trinkt es die durstlöschende Vormilch und regt gleichzeitig den Nachschub an. Müssen Sie auf ärztlichen Rat Muttermilch oder andere Flüssigkeiten zufüttern, sollten Sie in den ersten vier bis sechs Lebenswochen statt der Flasche einen Löffel, Becher, eine Spritze mit Aufsatz oder ein Brusternährungsset benutzen, um eine Saugverwirrung zu vermeiden. Lassen Sie sich die Füttermethoden von Ihrer Hebamme oder einer Stillexpertin zeigen.

Sich Zeit nehmen

Beim Trinken stillt Ihr Kind nicht nur Hunger und Durst, sondern befriedigt auch sein Bedürfnis nach Nähe und Geborgenheit. Wenn es gut angelegt ist und richtig saugt, darf es so lange trinken, bis es die Brustwarze von allein loslässt. Schauen Sie beim Stillen nicht auf die Uhr, sondern auf Ihr Kind. Bei manchen Müttern verläuft die Milchabgabe langsam, auch dann dauert es länger. Sollte die reine Trinkzeit bei einer Mahlzeit jedoch regelmäßig eine Stunde überschreiten, bitten Sie Ihre Hebamme um Unterstützung. Sie wird sich den Verlauf einer Stillmahlzeit ansehen und mit Ihnen gemeinsam eine Lösung finden.

Wenn der Hunger abends zunimmt

Das scheinbar ununterbrochene abendliche Bedürfnis nach Muttermilch und Nähe ist bei sehr jungen Babys ein völlig normales Verhal-

Um eine Saugverwirrung zu vermeiden, sollten Stillkinder am besten aus dem Becher trinken.

ten, das man »Clusterfeeding« (Cluster = Anhäufung) nennt: Das Baby trinkt zu bestimmten Zeiten sehr viel häufiger als zu anderen Zeiten. Fast immer treten diese Perioden am späten Nachmittag oder frühen Abend auf. Dies ist jedoch kein Hinweis auf zu wenig Milch. Die Babys bekommen abends genug Kalorien und reservieren sich mit dem häufigen Trinken gleichzeitig die Milchmenge für den nächsten Tag.

18
Ich habe zu viel Milch – was tun?

Pumpen Sie die Milch bitte nicht ab, denn diese »erhöhte Nachfrage« würde die Milchmenge noch mehr steigern. Stillen Sie eine Weile pro Mahlzeit nur an einer Seite und bieten Sie Ihrem Kind, falls es kurz darauf wieder Hunger hat, noch einmal die gleiche Seite an. Kühlen Sie Ihre Brust nach dem Stillen: Streichen Sie etwas Quark auf, darüber kommt eine Stilleinlage. Trinken Sie außerdem täglich bis zu vier Tassen Salbeitee. Stillpositionen, die gegen die Schwerkraft wirken, wie der »Hoppe-Reiter-Sitz« (Baby sitzt aufrecht, Bauch an Bauch, auf Ihrem Oberschenkel) können den Milchfluss verlangsamen.

19
Wenn das Baby spuckt

Kennen Sie das geflügelte Wort »Speikinder – Gedeihkinder«? Wenn Ihr Baby gut gedeiht und sich beim Spucken nicht quält, ist das in den meisten Fällen völlig unbedenklich. Es trinkt einfach mehr, als sein kleiner Magen fassen kann, und entledigt sich des Überflusses auf natürliche Weise. Lassen Sie Ihr Baby beim Wechsel von einer Brust zur anderen und nach jeder Stillmahlzeit aufstoßen. Schützen Sie Ihre Kleidung dafür mit einer Stoffwindel und legen Sie Ihr Kind über Ihre Schulter. Wickeln Sie Ihr Kind vor dem Stillen, nicht danach, denn das Hin- und Herdrehen bei vollem Magen fördert das Spucken. Beim Schlafen lagern Sie den Oberkörper Ihres Kindes leicht erhöht, indem Sie ein kleines Keilkissen unter das Oberteil der Matratze legen. Benutzen Sie aber bitte kein Kopfkissen (siehe Nr. 201)! Mit zunehmender Reifung des Verdauungssystems Ihres Kindes lässt das Spucken von selbst nach.

Wichtig

Wenn Ihr Baby nach jeder Mahlzeit schwallartig im hohen Bogen spuckt und wenn es an Gewicht abnimmt, kann das ein Hinweis auf einen Magenpförtnerkrampf sein: Der Muskel am Magenausgang ist verdickt, sodass nur wenig Milch vom Magen in den Darm fließen kann. Gehen Sie bitte möglichst bald mit Ihrem Kind zum Kinderarzt.

Lassen Sie Ihr Kleines nach jeder Mahlzeit aufstoßen, indem Sie es über die Schulter legen.

BABYS STUHLGANG

In seinen ersten vier bis sechs Lebenswochen sollte ein gestilltes Kind mindestens zweimal am Tag Stuhlgang haben, die meisten Kinder haben noch häufiger Stuhlgang. Später ändert sich dies durch das Reifen der Darmflora und die bessere Verwertung der Muttermilch. Bei einem voll gestillten Baby ist es dann normal, wenn es ein bis zehn Tage lang gar keinen Stuhlgang hat, manchmal sogar noch länger. Solange es einem Kind gut geht, solange es gedeiht und sechs bis acht Windeln täglich nass sind, ist es kein Grund zur Besorgnis, wenn der Stuhlgang auf sich warten lässt.

Normaler Stillstuhl ist flüssig bis breiig und enthält kleine, helle Körnchen, ähnlich wie körniger Frischkäse. Der Stuhl riecht auch nicht unangenehm, sondern nur ein wenig säuerlich – Hebammen sagen oft: »Stillstühle riechen aromatisch!« Häufig wird der Stuhl heftig donnernd entleert, meistens während einer Stillmahlzeit oder beim Windelwechsel. Im Stuhl Ihres Babys dürfen keine auffälligen Beimengungen, wie zum Beispiel Blut oder Schaum, enthalten sein. Der Stuhlgang sollte keinen üblen Geruch haben. Ihr Kind sollte außerdem keine Schmerzen beim Stuhlgang haben, was besonders bei sehr festem Stuhl der Fall sein kann. Ihr Kleines weint dann oft vor Schmerzen. In solchen Fällen gehen Sie bitte möglichst bald mit Ihrem Kind zum Kinderarzt.

Nahrungsmittel, die die Milchbildung fördern

Vollkorngetreide, Trockenfrüchte, Bierhefe, Mandeln und Nüsse unterstützen die Milchbildung. Knabbern Sie immer mal wieder Studentenfutter oder bereiten sich öfter ein frisches Müsli zu. Als Getränke sind Saftschorlen, Kräutertees und Schlehenelixier (Naturkostladen oder Reformhaus), gemischt mit kohlensäurearmem Mineralwasser, zu empfehlen. Eine gute Hilfe ist auch ein Milchbildungstee: Lassen Sie ihn sich in der Apotheke frisch zusammenstellen, dann können Sie sicher sein, dass die Früchte noch ausreichend ätherische Öle enthalten, was bei Fertigprodukten oft nicht der Fall ist. Stoßen Sie eine Portionsmenge im Mörser an und brühen Sie sie frisch auf, damit die Samen ihre volle Wirkung entfalten.

... oder die Milchbildung hemmen

Hier sind vor allem Getränke zu nennen: Verzichten Sie auf Salbei- und Pfefferminztee, es sei denn, Sie möchten Ihre Milchmenge reduzieren, etwa zum Abstillen oder für die Nacht. Wichtig: Trinken Sie immer nach Ihrem Durstgefühl und nicht darüber hinaus, denn auch dies kann die Milchbildung hemmen.

Milchbildungstee enthält Anis-, Fenchel-, Kümmel- und eventuell Dillsamen.

22
Fläschchen & Co für Stillbabys?

Wenn Sie stillen, können Sie sich das Geld für die Anschaffung von Fläschchen und Milchpulver sparen. Ein Stillbaby »stillt« sowohl Hunger als auch Durst ausschließlich an der Brust. Auch wenn Ihr Stillbeginn nicht ganz reibungslos verlaufen sein sollte – das geht schnell vorbei. In der Unsicherheit ist die Versuchung jedoch groß, doch einmal ein Fläschchen zu geben. Vertrauen Sie auf Ihre Fähigkeiten und die Ihres Babys – schließlich ist das Stillen von jeher die natürlichste Art, ein Baby zu ernähren. Bei allen Stillschwierigkeiten unterstützt Sie Ihre Hebamme.

23
Ist Kaffee in der Stillzeit erlaubt?

Wie Alkohol gelangt auch Koffein schnell ins Blut und innerhalb einer Stunde in die Muttermilch. Genießen Sie trotzdem ruhig Ihren Morgen- oder Nachmittagskaffee, am besten gleich nach dem Stillen: Nach drei bis fünf Stunden ist der Koffeingehalt der Muttermilch deutlich gesunken. Trinken Sie höchstens fünf Tassen am Tag, sonst kann sich das Koffein im Körper des Kindes ansammeln und Übererregbarkeit, Bauchkrämpfe oder Blähungen verursachen. Manche Kinder zeigen diese Symptome auch bei geringeren Koffeinmengen. Ihr Baby benötigt einige Tage, um das Koffein abzubauen. Ein überreiztes Baby hat weit geöffnete Augen, ist lebhaft und hellwach, schläft über längere Zeit nicht ein und kann sehr unruhig und nervös sein. Koffein beziehungsweise Tein steckt auch in schwarzem, grünem, Mate- und Eistee, in Cola-Getränken, einigen Limonaden, manchen Bonbons und einigen frei verkäuflichen Medikamenten.

24
Rote Karte in der Stillzeit

Nikotin, Alkohol und milchgängige Medikamente sollten Sie in der Stillzeit meiden. Sie gelangen sehr rasch nach dem Konsum in die Muttermilch und können Ihr Kind in seiner Entwicklung beeinträchtigen.

25
Sport in der Stillzeit

In der Stillzeit ist Ihre Brust größer und schwerer. Es ist deshalb hilfreich, wenn Sie beim Sport einen gut sitzenden Sport-BH tragen, der nicht drückt oder scheuert. Stillen Sie, wenn möglich, vor Ihrem Aktivprogramm, dann ist die Brust nicht mehr prall und fühlt sich angenehmer an. Nach dem Sport duschen Sie Ihre Brust gründlich ab, sonst kann es sein, dass Ihr kleiner Stillgourmet beim nächsten Anlegen wegen des salzigen Schweißes streikt. Babys sind sehr geruchssensibel und verweigern häufig die Brust, wenn sie nicht eindeutig riecht wie „bei Muttern".

Hinweis für Badenixen

Wenn Sie begeisterte Schwimmerin sind, können Sie Ihre Brustwarzen vor Chlorwasser und Schwimmbadkeimen schützen, indem Sie ein Stückchen Frischhaltefolie über die Brustwarze und den Warzenhof legen und mit etwas Creme rundum »festkleben«. Darüber kommt der Badeanzug und Ihre Brustwarzen sind »frischversiegelt«! Duschen Sie trotzdem nach dem Schwimmen die Brust gründlich ab. Drücken Sie vor dem nächsten Anlegen ein wenig Milch ab, die Sie wegschütten.

26

Wenn Sie mit dem Stillen (noch) hadern …

Die Entscheidung für oder gegen das Stillen können nur Sie selbst treffen. Einer der wichtigsten Gründe gegen das Stillen ist der, dass Sie es, warum auch immer, nicht möchten. Weder für Ihr Kind noch für Sie wäre es hilfreich und gesund, wenn Sie mit Widerwillen beziehungsweise gegen Ihre eigene Überzeugung stillen würden. Auch wenn die natürliche Muttermilchernährung unbedingt empfehlenswert ist: Ein liebevoll mit der Flasche gefüttertes Kind entwickelt sich ebenfalls prima. Dagegen hat es ein widerwillig oder unter Stress gestilltes Kind ganz bestimmt nicht immer leicht.

Austausch tut gut

Wenn Sie sich jedoch noch nicht ganz sicher sind, besprechen Sie das Thema noch einmal mit Ihrer Hebamme. Zusätzlich können Sie auch eine Stillgruppe besuchen und sich vielfach im Internet informieren. Adressen und Infos erhalten Sie bei der La Leche Liga (siehe Seite 157). Oder Sie lassen die Sache einfach auf sich zukommen und versuchen es zunächst einmal mit dem Stillen. Wenn Sie dann merken, dass es wirklich nichts für Sie ist, können Sie ja jederzeit wieder abstillen.

27

Abstillen – wann ist es so weit?

Den richtigen Zeitpunkt dafür bestimmen Sie und Ihr Kind. Solange es Ihnen beiden Spaß macht, gibt es keinen Grund, mit dem Stillen aufzuhören. Irgendwann aber wird die Phase kommen, in der einer von beiden nicht mehr möchte – ideal ist es natürlich, wenn dies bei Mutter und Kind gleichzeitig eintritt. Dann müssen beide lernen, sich voneinander zu lösen, und werden auf andere Art und Weise wieder Nähe erleben.

28

Abstillen vor dem sechsten Lebensmonat

Eine Beikost kann etwa ab dem sechsten Lebensmonat eingeführt werden. Wenn Ihr Baby noch jünger ist und Sie abstillen möchten, müssen Sie zunächst in Richtung Flaschenernährung hin abstillen. Um eine Stillmahlzeit zu ersetzen, legen Sie Ihr Kind zunächst wie gewohnt an die Brust an, aber lassen es sich nicht vollständig satt trinken. Bieten Sie direkt im Anschluss eine Flasche mit Pre-Nahrung an, die Sie wie Muttermilch nach Bedarf geben können. Steigern Sie die Menge der Flaschennahrung so lange, bis die Mahlzeit vollständig ersetzt ist. Die nächste Mahlzeit können Sie nach mindestens einer Woche auf die gleiche schonende Weise ersetzen.

29

Morgens oder mittags beginnen

Es ist sinnvoll, das Abstillen mit der Morgen- oder Mittagsmahlzeit zu beginnen, um nicht zwei unmittelbar aufeinanderfolgende Stillmahlzeiten zu ersetzen. Sollte Ihre Brust spannen, pumpen Sie nur so viel Milch ab, dass die Spannung nachlässt, um die Milchbildung nicht erneut anzuregen.

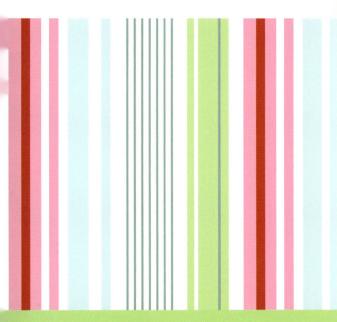

Medikamentöse Unterstützung

Nehmen Sie sich für das komplette Abstillen rund sechs bis acht Wochen Zeit. Wenn Sie schneller abstillen möchten und mit den empfohlenen natürlichen Maßnahmen dabei Schwierigkeiten haben, kann Ihnen Ihr Frauenarzt ein Medikament verordnen, das die Produktion des Stillhormons und damit die Milchbildung hemmt. Diese Mittel werden aber oft nicht gut vertragen und haben einige Nebenwirkungen.

30

Rasch abstillen

Wenn Sie rasch abstillen möchten, kombinieren Sie Brustmahlzeit und Beikost. Füttern Sie anfänglich bei zwei bis drei Brustmahlzeiten über den Tag verteilt zu. Nach einer Woche sollte dann bei allen Stillmahlzeiten zugefüttert werden. So reduziert sich die nachgefragte Milchmenge, bis schließlich gar nicht mehr gestillt wird.

HÜRDEN BEIM STILLEN MEISTERN

Nicht immer ist die natürlichste Sache der Welt auch die einfachste. Tauchen in der Stillzeit Fragen oder kleinere Störungen auf, ist es gut zu wissen, was Sie selbst tun können. Unterstützung bekommen Sie auch von Ihrer Hebamme oder Stillberaterin.

Stillen sollte prinzipiell keine Beschwerden oder gar Schmerzen bereiten. Wenn es aber doch dazu kommt, ist die wichtigste Maßnahme bei fast allen Problemen: Richten Sie Ihre Aufmerksamkeit bei jeder Stillmahlzeit auf das korrekte Anlegen (siehe Nr. 7). Entlasten Sie außerdem Ihre Brustwarzen, indem Sie Ihr Kind häufiger und kürzer statt seltener und lange anlegen. Wechseln Sie häufig die Stillposition, auch während einer Mahlzeit. Wenn Sie Ihr Kind von der Brust nehmen, schieben Sie Ihren kleinen Finger in seinen Mundwinkel, um das Vakuum zu lösen.

ANLAUFPROBLEME

Gerade zu Beginn der Stillzeit empfinden einige Frauen bei jedem Anlegen in den ersten Minuten starke Schmerzen. Dies rührt daher, dass das Baby anfangs sehr fest ansaugt, bis der Milchspendereflex einsetzt. Die »Ansaugschmerzen« können anfangs durchaus sehr heftig sein, hören aber wieder auf, sobald sich die hormonelle Balance eingependelt hat.

Regen Sie vor dem Stillen den Milchfluss an, indem Sie die Brust sanft massieren und einen warmen Waschlappen oder ein Kirschkernsäckchen auflegen. Entspannen Sie sich beim Anlegen, lassen Sie bewusst die Schultern locker und atmen Sie tief und ruhig in Ihren Bauch. Wechseln Sie bei jeder Babymahlzeit die Stillposition und stillen Sie abwechselnd im Wiegegriff, im Rückengriff und im Liegen. Bei anhaltenden Beschwerden wenden Sie sich an Ihre Nachsorgehebamme.

Hilfe bei wunden Brustwarzen

Neben den oben erwähnten Maßnahmen rund um das richtige Anlegen des Babys können Sie bei wunden Brustwarzen Folgendes tun:

- Lassen Sie Milch- und Speichelreste nach dem Stillen auf der Brustwarze antrocknen.
- Benutzen Sie Stilleinlagen aus Wolle oder aus Wolle und Seide (legen Sie die Seidenseite auf die Haut, der im Gewebe enthaltene Seidenleim fördert die Wundheilung). Wechseln Sie die Stilleinlagen immer gleich aus, sobald sie feucht sind.
- Benutzen Sie vorübergehend keine Seife, kein Duschgel, keine Cremes oder Lotionen.
- Homöopathische Mittel können den Heilungsprozess beschleunigen, fragen Sie Ihre Nachsorgehebamme danach.
- Bei wunden Brustwarzen hilft auch das Abtupfen mit verdünnter Calendula-Essenz (einen Esslöffel auf 0,5 Liter abgekochtes Wasser). Die Wunde wird so desinfiziert und die Heilung angeregt.
- Legen Sie je ein Plastik-Teesieb, von dem Sie den Griff abschneiden (Kanten mit Schmirgelpapier entschärfen!), in Ihren BH. So wird das Wundgebiet optimal belüftet und die Heilung beschleunigt.

Ein Beißring gibt Ihrem Baby Gelegenheit, seine Zähnchen ausgiebig zu erproben.

Wenn das Baby beim Stillen beißt

- Schon Babys verstehen viel. Sagen Sie Ihrem Kind beim nächsten Mal ernst und bestimmt, aber in ruhigem Ton, dass es Sie nicht beißen darf, weil Ihnen das wehtut.
- Nehmen Sie Ihr Baby ohne große Umschweife von der Brust, wenn Sie den Eindruck haben, dass es satt ist.
- Legen Sie zum Schluss der Stillmahlzeit Ihren Finger in die Nähe seines Mundes, um den Saugschluss – das Vakuum im Mündchen – schnell zu lösen, und schieben Sie Ihren Finger weiter zwischen die kleinen Kiefer, damit Ihr Kind nicht zubeißen kann.
- Wenn Sie dennoch von einem Biss überrascht werden, drücken Sie Ihr Baby an sich heran, statt es von sich wegzuschieben, um den Druck seiner Kiefer nicht noch zu verstärken. Die meisten Babys lassen dann sofort los.
- Sie können das Risiko, gebissen zu werden, verringern, wenn Sie Ihrem Baby einen Beißring, ein Stück Veilchenwurzel (aus der Apotheke) oder harte Brotrinde zum Beißen geben. Daran kann es dann seine kleinen Zähnchen ausprobieren und trainieren.

Stillhütchen haben Vor- und Nachteile

Stillhütchen werden oft bei wunden Brustwarzen empfohlen oder wenn ein Baby Schwierigkeiten beim Ansaugen hat. Allerdings ist die Anwendung unter Expertinnen nicht unumstritten: Stillhütchen können nämlich den Zustand von wunden Brustwarzen verschlimmern oder das Wundsein sogar verursachen. Das Baby kann mit dem Hütchen nicht so viel Brustgewebe erfassen wie nötig. Es kaut dann eher auf der Brustwarze herum, als zu saugen, und das kann häufig eine Verletzung auslösen oder verschlimmern. Außerdem fehlen die stimulierenden Reize im Bereich des Warzenhofs, was Auswirkungen auf die mütterlichen Stillhormone hat. Durch den dauerhaften Gebrauch eines Stillhütchens kann also die Milchmenge auch zurückgehen oder der Milchfluss behindert werden.

Geduld beim Wieder-Abgewöhnen

Um dem Baby das Stillhütchen wieder abzugewöhnen, brauchen Sie etwas Geduld und vermutlich einige Versuche. Je länger ein Baby schon mit Stillhütchen trinkt, umso mehr hat es sich bereits an die andere Saugtechnik gewöhnt. Wählen Sie für den ersten »unbehüteten« Stillversuch einen Moment, in dem Ihr Baby nicht ganz so ungeduldig ist. Setzen Sie am Anfang wie gewohnt das Stillhütchen auf die Brust und lassen Sie Ihr Baby ansaugen. Entfernen Sie das Hütchen etwa drei Minuten nach Beginn der Mahlzeit, dann ist die Brustwarze gut aufgerichtet. Probieren Sie nun das Anlegen ohne Hilfsmittel. Wahrscheinlich brauchen Sie trotzdem einige Versuche, bis Ihr Kind begreift, wie es an der Brust trinken soll. Wenn sich Ihr Baby gänzlich verweigert, geben Sie nicht auf. Lassen Sie einige Tage oder Wochen verstreichen, bevor Sie erneute Versuche starten. Dann hat sich auch der Entwicklungsstand Ihres Kindes verändert und es ist vielleicht eher bereit, auf das gewohnte Hilfsmittel zu verzichten.

MILCHSTAU

So nennt man eine Stauung von Muttermilch im Drüsengewebe. Die Brust ist dann in einem bestimmten Bereich oder auch insgesamt berührungsempfindlich, sehr gespannt, heiß und oft auch gerötet. Fast immer ist eine Verhärtung tastbar und die Brust ist oft auch etwas geschwollen.

Ursache ist meistens eine unzureichende Entleerung der Brust, etwa wenn Ihr Kind in der Nacht einmal länger als gewohnt durchschläft oder nicht genug Milch abtrinkt, zum Beispiel weil es einen Schnupfen hat. Aber auch Einschnürungen durch zu schmale BH-Träger, Tragetücher oder -säcke, Zugluft, ein feuchtkalter Badeanzug und alles, was Sie frieren lässt, können Auslöser sein.

Manchmal deutet ein Milchstau auch auf eine Überlastungssituation hin. Wenn Sie innerlich sehr angespannt sind, kann es passieren, dass die Brust sich ebenso verhält. Die Milchgänge verengen sich, die Milch kann nicht fließen und staut sich im Drüsengewebe. Symptome wie Erschöpfung, Gliederschmerzen, Grippegefühl, Kopfschmerzen, Schüttelfrost oder Fieber können dann auf einen beginnenden Milchstau hinweisen.

und richtig saugt. Der Unterkiefer Ihres Kindes zeigt dabei in Richtung der gestauten Stelle. Wenn Ihr Kind mit dem häufigen Stillen nicht einverstanden ist, pumpen Sie die Milch zwischendurch ab oder streichen sie aus (siehe Nr. 40). Eine Viertelstunde vor dem Anlegen durchwärmen Sie Ihre Brust mit einem Kirschkernsäckchen, einem feuchtwarmen Tuch oder fünf Minuten Rotlicht. Auch eine Wärmflasche zwischen den Schultern, ein warmes Fußbad oder eine sanfte Ölmassage (Brustwarze aussparen!) fördern den Milchfluss. Nach dem Stillen hilft es, etwas Quark auf die Brust zu streichen oder sie mit Arnikaessenz zu betupfen. Auch »cool«: Einen Beutel Tiefkühlerbsen in einer Stoffwindel in den BH stecken.

Die Symptome sollten sich nach zwei Tagen deutlich gebessert haben. Ein leichter Schmerz kann aber noch einige Tage bestehen bleiben.

Die Milch wieder zum Fließen bringen

Es ist ganz wichtig, die gestaute Milch sofort wieder in Fluss zu bringen. Dazu benötigen Sie vor allem Ihr Baby und viel Ruhe. Stillen Sie Ihr Kind möglichst zweistündlich und wecken Sie es ausnahmsweise zum Trinken auf. Beginnen Sie mit der gestauten Seite und achten Sie darauf, dass Ihr Kind gut angelegt ist

Eine Wärmflasche zwischen den Schultern regt den Milchfluss an.

BRUSTENTZÜNDUNG

Ähnlich wie bei einem Milchstau haben Sie ein Grippe-, Hitze- und Spannungsgefühl, wahrscheinlich hohes Fieber, eine Druckempfindlichkeit meist an der Stelle, die sich hart und knotig anfühlt, die Haut darüber ist gerötet. Häufig entwickelt sich eine Brustentzündung (Mastitis) aus einem nicht behandelten Milchstau, sie kann aber auch ganz plötzlich auftreten. Die ernsthafte bakterielle Infektion erfordert unbedingte Bettruhe und eine Erholungszeit auch noch nach Abklingen aller Symptome. Neben Ihrer Hebamme oder einer qualifizierten Stillberaterin benötigen Sie jetzt vor allem Entlastung im Haushalt.

Was Sie bei Mastitis tun können

Alle Maßnahmen, die Sie bei einem Milchstau ergreifen sollten (siehe Seite 29), sind auch bei einer Brustentzündung hilfreich. Um eine eventuelle Keimvermehrung zu verhindern, wenden Sie Wärme vor dem Stillen an, jedoch nicht länger als fünf Minuten. Trinken Sie regelmäßig, wenigstens zu den Stillmahlzeiten, und essen Sie etwas Leichtes, wie eine Gemüsebrühe oder Zwieback mit Tee. Halten Sie unbedingt Bettruhe! Sollten sich die Symptome nach 24 Stunden nicht bessern oder sogar schlimmer werden, gehen Sie zum Frauenarzt. Er verschreibt Ihnen ein stillverträgliches Antibiotikum. Sollte trotz des Medikaments nach zwei Tagen keine Besserung eingetreten sein, sind eine Keimbestimmung der Milch und eine gezielte Weiterbehandlung notwendig. Auch homöopathische und pflanzliche Mittel sowie Akupunktur haben sich bewährt. Begeben Sie sich auf jeden Fall in fachkundige Hände, denn eine unzureichend behandelte Brustentzündung kann zu ernsten Komplikationen führen. Bei einer fiebrigen Mastitis bewilligt Ihre Krankenkasse Ihnen auf Antrag eine Familienpflege oder Haushaltshilfe.

Und was ist mit dem Baby?

Ihrem Kind macht Ihre Brustdrüsenentzündung nichts aus, die Bakterien sind für das Kleine nicht schädlich. Es kann sogar sein, dass die Keime ursprünglich aus seinem Mund stammen, auch wenn diese Übertragung allein keine Mastitis verursachen kann. Bitte stillen Sie bei einer Brustentzündung nicht ab! Die Brust muss jetzt dringend entleert werden. Experte dafür ist Ihr Kind, das zweistündlich an der Brust saugt. Manche der kleinen Gourmets lehnen allerdings die Muttermilch nun ab: Durch einen erhöhten Natriumgehalt schmeckt sie etwas salziger. Dann streichen Sie sie von Hand aus oder benutzen eine Milchpumpe.

Die Kermesbeere (Phytolacca) ist ein bewährtes homöopathisches Mittel bei Brustentzündung.

Ist Stillen mit Hohlwarzen möglich?

Hohlwarzen sind nicht zwingend ein Stillhindernis, denn Ihr Kind saugt nicht an der Brustwarze allein, sondern fasst noch einen Großteil des umliegenden Gewebes. Wenn Sie eine echte Hohlwarze haben, benutzen Sie bitte zunächst keine Stillhütchen, Flaschensauger oder Schnuller. Ihr Kind soll lernen, mit Ihrer Brustform klarzukommen. Lassen Sie ihm bei den ersten Anlegeversuchen viel Zeit, mit Ihrer Brust vertraut zu werden, die angeborenen Reflexe helfen Ihrem Baby dabei.

Hohlwarzen-Kneiftest

Die Ursache für Schlupf- oder Hohlwarzen ist häufig eine Verkürzung der Milchgänge. Das kann angeboren oder bei einer Vernarbung, zum Beispiel nach einer Operation oder nach einem Brustwarzenpiercing, der Fall sein. Mit dem folgendem Test können Sie überprüfen, ob es sich bei nach innen gezogenen Brustwarzen tatsächlich um sogenannte Hohlwarzen oder Flachwarzen handelt: Drücken Sie den Warzenhof etwa 2,5 Zentimeter hinter dem Brustwarzenansatz zusammen. Tritt Ihre Brustwarze hervor, haben Sie keine echte Hohlwarze.
Dies ist nur der Fall, wenn die Brustwarze sich beim Test zurückzieht oder eine konkave Wölbung (nach innen) annimmt. Dann können Sie mit einer »Niplette« eine Korrektur vornehmen. Die Niplette ist ein einfaches, fingerhutförmiges Hütchen aus durchsichtigem Kunststoff mit einem Ventil und einer Spritze, mit der im Hütchen ein Unterdruck erzeugt wird. Durch die sanfte Saugwirkung wird die Brustwarze in das Hütchen eingesogen und die Milchgänge werden bei einem mehrwöchigen kontinuierlichen Tragen allmählich gedehnt. Dadurch »verlagern« sich die Brustwarzen langsam nach außen. Der Nachteil: Das funktioniert nur in der Schwangerschaft; sobald Ihre Milchproduktion begonnen hat, funktioniert die Niplette nicht mehr.

Wenn Sie Milch nur gelegentlich abpumpen, reicht eine Handpumpe völlig aus.

Brustwarzenformer – einen Versuch wert

Manche Frauen mit Hohlwarzen erzielen bei der Vorbereitung aufs Stillen mit einem Brustwarzenformer gute Erfolge. Diese gewölbten Kunststoffschalen mit Löchern und einer weichen Silikon-Auflage (aus der Apotheke) drücken durch den kontinuierlichen, sanften Druck auf das Gewebe des Warzenvorhofs die Brustwarze etwas heraus. Wenn Sie nicht zu vorzeitigen Wehen neigen, können Sie diese Schalen bereits ab dem siebten Schwangerschaftsmonat in den BH einlegen und sie auch in der Stillzeit zwischen den einzelnen Mahlzeiten tragen.

Welche Milchpumpe ist empfehlenswert?

Grundsätzlich unterscheidet man elektrische und manuelle Milchpumpen. Für gelegentliches Abpumpen reicht meist eine gute Handmilchpumpe, bei der die Milch direkt in eine Flasche läuft. Mit einer Kolben-Handpumpe lässt sich die Saugstärke schonend regulieren. Im Gegensatz dazu können die praktischen Einhandpumpen mit einer Hand bedient werden. In jedem Fall sollte der Ansatztrichter groß genug sein, damit die Brustwarze nicht daran reibt. Verzichten Sie besser auf Handpumpen aus Glas mit Gummiball: Sie sind meist wenig effektiv und sehr oft für wunde Brustwarzen verantwortlich.

Für die längere und regelmäßige Anwendung empfiehlt sich eine elektrische Pumpe, die das kindliche Saugen an der Brust imitiert. Mit schnellen, kurzen Saugbewegungen wird zunächst der Milchspendereflex ausgelöst, nach einigen Minuten verlangsamt sich der Takt. Ansaugstärke und -takt sind bei hochwertigen Modellen ebenso regulierbar wie der Phasenwechsel.

Für das gleichzeitige Abpumpen beider Brüste gibt es Doppelpumpsets. Sie verkürzen die Pumpdauer und regen die Milchbildung besser an – das ist empfehlenswert, wenn Sie über einen längeren Zeitraum abpumpen müssen oder von Ihrem Kind getrennt sind.

Milchpumpe auf Rezept

Sie können sich Milchpumpen gegen eine Gebühr in Apotheken, Sanitätshäusern oder Hebammenpraxen ausleihen. Sobald ein medizinischer Bedarfsfall vorliegt, bekommen Sie von Ihrem Frauenarzt oder Ihrer Hebamme eine Verordnung und die Gebühr entfällt. Dies ist zum Beispiel der Fall bei einem Milchstau (siehe Seite 29), einer Brustentzündung (siehe Seite 30) oder wenn Sie längere Zeit von Ihrem Kind getrennt sein müssen. Als Leihgerät erhalten Sie meist eine elektrische Pumpe, die Sie nach einem vereinbarten Zeitraum wieder zurückgeben.

Einfrieren und Auftauen von Muttermilch

Benutzen Sie bitte immer spezielle Milchaufbewahrungsbeutel, die Sie in der Apotheke, im Sanitätshaus, im Drogeriemarkt oder bei Ihrer Hebamme bekommen (keine Eiswürfelbeutel!). Die selbstschließenden Plastiktütchen sind auf besondere Weise beschichtet, sodass die wichtigen Fette der Muttermilch nicht daran haften bleiben.

- Sie können die Muttermilch auch direkt in Babyfläschchen aus Glas oder aus Hartplastik (Polycarbonat oder Polypropylen) einfrieren. Berücksichtigen Sie dabei, dass sich Milch ausdehnt, wenn sie gefriert; befüllen Sie das Fläschchen deshalb nicht ganz bis zum Rand.
- Gefrorene Milch nie in der Mikrowelle oder in kochendem Wasser auftauen! Stellen Sie sie zum Auftauen über Nacht in den Kühlschrank. Soll es einmal schnell gehen, können Sie die Milch unter fließendem lauwarmem Wasser oder im Wasserbad bei 37 °C auftauen und erwärmen.
- Abgesetzte Fette vermischen sich wieder mit der Milch, wenn Sie das Behältnis ganz leicht schütteln.
- Aufgetaute Muttermilch hält sich 24 Stunden ungeöffnet oder zwölf Stunden geöffnet im Kühlschrank und darf nicht wieder eingefroren werden! Schütten Sie Reste stets weg!

Tauen Sie gefrorene Muttermilch möglichst im Kühlschrank auf. Dort bleibt sie ungeöffnet noch bis zu 24 Stunden haltbar.

STILLEN IN BESONDEREN SITUATIONEN

Es kann vorkommen, dass bei Ihnen oder Ihrem Baby gesundheitliche Komplikationen auftreten. Doch auch unter erschwerten Umständen können Sie mit dem Stillen beginnen, weiterstillen oder Ihre Milch abpumpen. Besonders, wenn es medizinische Hilfe benötigt, ist jeder Tropfen Muttermilch für Ihr Baby kostbar.

42

Abstillen wegen Zahnbehandlung?

Sie haben einen Zahnarzttermin und eine örtliche Betäubung steht an? Sie dürfen trotzdem weiter stillen, denn eine Lokalanästhesie ist in einer normalen Dosierung in der Stillzeit unbedenklich. Sollten Sie Amalgamfüllungen haben, lassen Sie diese wenn möglich erst nach der Stillzeit entfernen. Sonst würde die Muttermilch mit zu viel Quecksilber belastet.

43

Stillen und Medikamenteneinnahme

Für fast jede Indikation lässt sich eine Therapie finden, die das Weiterstillen erlaubt. Viel zu oft wird bei einer medikamentösen Behandlung eine Stillpause oder sogar das Abstillen empfohlen. Dabei bezieht man sich meist auf die Angaben im Beipackzettel des jeweiligen Arzneimittels. Es gibt jedoch viele gut untersuchte Präparate für die Stillzeit. An entsprechende Informationen zu kommen ist nicht immer einfach, auch behandelnde Ärzte sind oft nicht gut oder richtig informiert. Das Beratungszentrum für Embryonaltoxikologie in Berlin gibt medizinischen Fachkreisen und in schwierigen Fällen auch stillenden Frauen selbst fachkundig Auskunft. Die Adresse finden Sie im Anhang (siehe Seite 157).

Stillen nach Kaiserschnitt

Auch nach einer Entbindung per Kaiserschnitt können Sie Ihr Baby stillen! Sollte Ihr Kind nach der Operation noch sehr schläfrig sein, kann sich der Stillbeginn etwas verzögern. Beginnen Sie mit dem Anlegen, sobald Ihr Baby erste Mundbewegungen macht. Setzen Sie sich selbst und Ihr Kind dabei aber nicht unter Druck – Sie haben in den nächsten Tagen sehr viel Zeit, das Stillen gemeinsam zu erlernen. Sofern es möglich ist, sollten Sie auch nach einem Kaiserschnitt Ihr Baby immer bei sich haben und in den ersten Tagen häufig stillen. Durch häufiges Anlegen können Sie aber das Zufüttern von Flaschennahrung vermeiden.

Eine angenehme Position finden

Nach einem Kaiserschnitt ist das Stillen im Liegen angenehm, und zwar so, dass die Beine des Babys Ihrem Kopf zugewandt sind. So ist Ihre empfindliche Operationsnarbe außerhalb der »Strampelzone«! Nähe, Körper- und Hautkontakt können Ihnen und Ihrem Kind helfen, das Erlebnis der Schnittentbindung zu verarbeiten und zueinanderzufinden. Lassen Sie sich beim Anlegen so lange helfen, bis Sie sich sicher fühlen. Probieren Sie aus, welche Stillpositionen für Sie möglichst schmerzlos und am bequemsten sind.

Bei Bedarf abpumpen

Wenn Sie nicht bei Ihrem Kind sein können, zum Beispiel weil es zu früh geboren wurde oder in einer speziellen Kinderklinik betreut werden muss, sollten Sie sich so bald wie möglich zu ihm bringen lassen. Beginnen Sie so früh wie möglich mit dem Abpumpen der Muttermilch, damit die Milchbildung in Gang kommt. Gönnen Sie sich auch nach der Entlassung aus der Klinik viel Ruhe und Zeit mit Ihrem Kind. Sie müssen sich von einer großen Operation erholen und sollten Entlastung im Haushalt haben.

45

Stillen eines Frühchens

Für ein zu früh geborenes Baby ist jeder Tropfen Muttermilch kostbar: Ihre Zusammensetzung passt sich genau den Bedürfnissen des kleinen »Nestflüchters« an, sie enthält zum Beispiel mehr Antikörper, Fettsäuren und Eiweiß. Dadurch besteht ein besonderer Schutz vor Infektionen und die Reifeprozesse des gesamten Organismus werden individuell unterstützt. Muttermilch ist zudem für den noch unreifen Magen-Darm-Trakt am besten verträglich. Deshalb sollte ein Frühchen Muttermilch bekommen, auch wenn es per Magensonde ernährt werden muss.

Die Milchbildung in Gang bringen

Ist Ihr Baby noch zu schwach, um selbstständig zu trinken, können Sie nach der Geburt Ihre Milchbildung nicht gleich durch das Anlegen Ihres Kindes anregen. Sie müssen zunächst auf die innige Stillbeziehung verzichten und eine elektrische Intervall-Milchpumpe nutzen. Diese Anfangsphase ist körperlich und seelisch nicht immer einfach. Lassen Sie sich trotzdem nicht entmutigen: Vertrauen Sie auf Ihre Stillfähigkeit und den Lebensmut Ihres Kindes. Ihre Hebamme oder eine Still- und Laktationsberaterin unterstützen Sie nach Kräften. Der Weg zum selbstständigen Trinken und ausschließlichen Stillen ist bei jedem Frühchen anders und erfordert viel Geduld. Die Mühe lohnt sich aber: für Baby, Mama und die Familie!

46

Zwillinge stillen

Das Stillen von Zwillingen oder Mehrlingen ist weniger eine Frage der Milchmenge als Ihrer Alltagsorganisation. Das erste Jahr mit Mehrlingen ist immer anstrengend, ganz gleich, wie sie ernährt werden. Für den Stillbeginn ist es wie bei allen Babys wichtig, möglichst früh, häufig und ausschließlich zu stillen. Anfänglich möchten Ihre Kinder öfter angelegt werden, da sie »nur« eine Brust zur Verfügung haben. Acht bis zehn Stillmahlzeiten pro Tag sind bei Zwillingen durchaus üblich. In den ersten Wochen brauchen Sie Hilfe und Unterstützung im Alltag: durch Ihren Partner, Verwandte und Freunde.

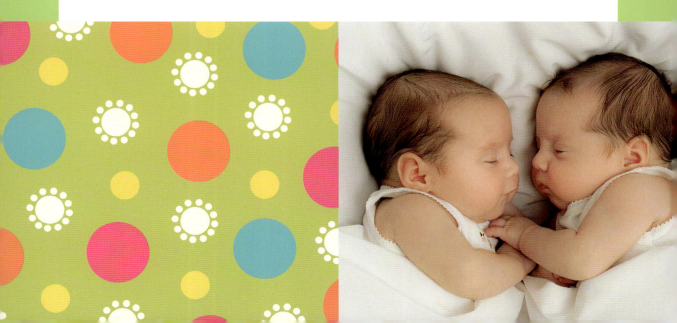

So sind beide gut versorgt

Durch das häufige Anlegen der Kinder bemerken Sie vielleicht gerade zu Beginn der Stillzeit nicht, wenn sich eines zu selten meldet. Wiegen Sie die Kinder regelmäßig. Falls Sie nach der Geburt von Ihren Kindern getrennt sind, sollten Sie so bald wie möglich mit dem Pumpen beginnen, um die Milchbildung anzuregen. Manchmal kommt es auch vor, dass ein Kind schon gestillt werden kann, während das andere noch abgepumpte Muttermilch benötigt. Dann können Sie nach der Stillmahlzeit abpumpen. Oder Sie pumpen, während das Kind an einer Seite trinkt. Ihre Milchzusammensetzung ist an die Bedürfnisse zweier Kinder angepasst und sehr kalorienreich. Wenn Sie Milchnahrung zufüttern, legen Sie immer erst beide Kinder an und füttern dann beide zu, statt eines voll und das andere gar nicht zu stillen.

Beide zur gleichen Zeit stillen

Wenn Sie beide Kinder stillen, haben Sie die Möglichkeit, jedes Kind einzeln oder beide Kinder gleichzeitig und in verschiedenen Positionen zu stillen. Auch eine Mischform ist möglich. Solange beide gut gedeihen, können Sie das Stillen ganz nach Ihrem Gefühl handhaben. Lassen Sie sich die unterschiedlichen Anlegepositionen zeigen, damit Sie möglichst schnell Routine bekommen. Gleichzeitiges Anlegen ist vorteilhaft, wenn ein Kind trinkschwach ist. Denn durch sein Saugen kann das kräftigere Kind den Milchspendereflex für das schwächere Baby auslösen. Durch das gleichzeitige Stillen wird außerdem mehr vom Hormon Prolaktin ausgeschüttet, was die Milchbildung verstärkt.

Stillen bei Lippen-Kiefer-Gaumen-Spalte

Auch bei einer Lippen-Kiefer-Spalte ist das Stillen sehr gut möglich, denn das weiche Brustgewebe kann den Spalt ganz leicht verschließen. Lassen Sie sich anfänglich helfen, bis Sie beide vertraut mit der Situation sind. Bei einer reinen Gaumenspalte oder einer Lippen-Kiefer-Gaumen-Spalte wird dem Baby so früh wie möglich eine Mund-Nasen-Trennplatte eingesetzt. Diese verschließt den Spalt, damit das Kind zum Saugen ein Vakuum aufbauen kann. Diese Platte schließt nicht nur das Gaumendach ab, sondern bringt auch die durch die Spaltbildung nach hinten verlagerte Zunge nach vorn. Dann kann das Baby die Brustwarze mit der Zunge an den Gaumen drücken und die Milch herausstreichen. Versuchen Sie auf jeden Fall auch schon in der Zeit ohne Platte zu stillen. Um ausreichend Milch zu bilden, ist es wichtig, regelmäßig abzupumpen. Die gewonnene Milch wird auch benötigt, wenn die Mahlzeiten an der Brust zum Wachstum Ihres Kindes nicht ausreichend sind und (zunächst) zugefüttert werden muss.

Ein Baby mit Trisomie-21-Syndrom stillen

Gerade für Babys mit einer Trisomie 21 und mit einer damit verbundenen meist schwächeren Muskelspannung ist das Stillen sehr wichtig: Es fördert den Muskeltonus der Gesichtsmuskulatur und unterstützt die Mund- und Zungenkoordination. Dies wirkt sich auf die gesamte Muskelgrundspannung des Körpers aus – eine krankengymnastische Ganzkörperübung sozusagen. Das Stillen stimuliert die Sinnesorgane der Babys und bringt zusätzliche Einheiten des gerade für sie so wertvollen Hautkontakts. Dadurch können sich die Fähigkeiten der Kinder besser entwickeln. Die Stillbeziehung kann es Ihnen außerdem erleichtern, Ihr Kind so zu akzeptieren, wie es ist. Leider kommt es heutzutage immer noch vor, dass Müttern von Neugeborenen mit Trisomie 21 gleich nach der Geburt gesagt wird, das Stillen habe bei ihrem Baby sowieso keinen Zweck. Lassen Sie sich davon bitte nicht irritieren, sondern holen Sie sich Unterstützung und Beratung von fachkundigen Menschen.

SO GEHT'S AUCH – FLÄSCHCHEN FÜRS BABY

Auch Säuglingsnahrung enthält heute alle wichtigen Nähr- und Aufbaustoffe für das gesunde Heranwachsen eines Kindes. Sie ist ein sinnvoller Ersatz für die Muttermilch, wenn Sie nicht (mehr) stillen möchten oder können.

Wenn Sie Ihr Baby mit einem Muttermilch-Ersatzprodukt aus dem Fläschchen ernähren wollen, werden Sie beim Einkaufen auf eine Vielfalt von Produkten treffen. Hier ein kurzer Überblick:

PRE-NAHRUNG

Der Muttermilch am ehesten ähnlich ist die sogenannte Pre-Nahrung. Sie enthält als einziges Kohlenhydrat Milchzucker (Laktose), ist gut verträglich und leicht verdaulich. Der Nachteil kann sein, dass das Kind, ähnlich wie ein Stillkind, kurze Verdauungsintervalle hat und daher öfter hungrig ist. Vorteil: Mit kurzkettigen Kohlenhydraten wie Laktose kann ein Kind nicht überfüttert werden. Es darf, ebenso wie das Stillkind, so viel trinken, wie es möchte.

SÄUGLINGSANFANGSNAHRUNG VOM TYP 1 ODER MIT DEM BUCHSTABEN B

Sie enthält im Gegensatz zur Pre-Nahrung neben Laktose auch Stärke. Diese Nahrung ist sämiger und sättigt länger als die Pre-Nahrung. Allerdings belastet sie den Verdauungstrakt auch mehr. Wenn Sie Ihrem Kind Typ-1-Nahrung geben, halten Sie die angegebenen Trinkmengen bitte genau ein, damit Ihr Kind nicht zu dick wird.

FOLGENAHRUNG

Grundsätzlich ist es nicht nötig und auch nicht empfehlenswert, vor der Einführung der ersten Breimahlzeiten (siehe ab Seite 48) quasi als Übergangsphase noch zu einer Folgenahrung für Ihr Baby zu wechseln. Die Sättigung wird bei den Nahrungstypen II und III durch die Zugabe von glutenfreier Stärke und Kohlenhydratmischungen herbeigeführt. Die längeren Kohlenhydratketten bleiben länger im Magen und belasten Babys Verdauungstrakt deutlich stärker als die Pre-Nahrung.

»LCP«

Dieses Kürzel finden Sie auf manchen Packungen. Es steht für »long-chain polyunsaturates«, das sind die lebensnotwendigen mehrfach ungesättigten Fettsäuren. LCP sind auch in der Muttermilch enthalten und unterstützen die gesunde Entwicklung von Gehirn und Nerven. Seit einigen Jahren kann die Industrie diese wertvollen Fettsäuren künstlich herstellen und der Säuglingsnahrung zusetzen.

MILCHNAHRUNG MIT PROBIOTISCHEN ZUSÄTZEN

Bei der Geburt ist der Darm eines Babys noch »keimfrei«. Erst nach und nach siedeln sich verschiedene Bakterienstämme darin an, die natürliche Darmflora und damit das Immunsystem Ihres Kindes baut sich allmählich auf. Wenn Sie Ihr Kind stillen, bekommt es durch die Milchsäure- oder Bifidusbakterien natürliche Probiotika, das sind lebende Mikroorganismen, die den Darm besiedeln und das noch unreife Immunsystem stärken. Nach dem Vorbild der Natur werden sie probiotischer Anfangs- und Folgemilch zugesetzt. Für nicht gestillte Babys sind sie empfehlenswert, besonders wenn die Kinder allergiegefährdet sind, das heißt, wenn Sie beziehungsweise Ihr Partner an einer Allergie leiden.

HYPOALLERGENE NAHRUNG (HA)

Den besten Schutz gegen Allergien erhalten Babys aus vorbelasteten Familien, wenn sie mindestens vier Monate lang voll gestillt werden. Falls dies nicht möglich oder nicht gewünscht ist, sollte Ihr Kind unbedingt eine allergenarme oder hypoallergene (HA) Spezialnahrung bekommen. So heißen Nahrungen, bei denen das Eiweiß durch spezielle Verfahren an Allergenität verloren hat. Je stärker es gespalten ist, desto weniger kann der Körper die Eiweißbausteine als fremd erkennen. Dies verringert das Allergierisiko selbst bei allergiegefährdeten Kindern in den ersten Lebensjahren deutlich. Auch hypoallergene Nahrungen gibt es als Anfangs- und als Folgenahrung.

Ein Vorteil beim Fläschchengeben: Auch Papa kann das Füttern übernehmen.

Wenn das Baby spuckt ...

Wenn Ihr Kleines nach dem Trinken oft spuckt, versuchen Sie es mit einem kleineren Saugerloch. »Echtes« Erbrechen erkennen Sie am sauren und vergorenen Geruch. Dann kann es sein, dass Ihr Baby die Nahrung nicht verträgt. Ursache bitte vom Kinderarzt abklären lassen!

Von Muttermilch auf Pre-Nahrung umstellen

Beobachten Sie bei der Umstellung zunächst einige Tage lang das Gewichtsverhalten Ihres Babys, indem Sie es täglich wiegen. Eine geeignete Waage können Sie sich in der Apotheke ausleihen. Ihr Kleines sollte pro Woche rund 130 bis 200 Gramm zunehmen. Achten Sie jetzt außerdem genau auf die Verdauung Ihres Kindes. Vorübergehend kann Verstopfung auftreten. Sollte Ihr Baby jedoch Durchfall bekommen oder erbrechen, liegt vermutlich eine Unverträglichkeit vor und Sie sollten gleich den Kinderarzt aufsuchen. Bitten Sie Ihre Hebamme um Unterstützung, sie berät Sie gerne bei der Ernährungsumstellung Ihres Babys.

Wenn eine Tagesmutter das Baby betreut, welche Nahrung soll sie füttern?

Wenn Ihr Kind nicht erblich bedingt allergiegefährdet und schon mindestens fünf Monate alt ist, können Sie anstelle von Ersatznahrung schon mit der Beikost (siehe ab Seite 48) beginnen. Vielleicht ist es Ihnen ja auch möglich, Muttermilch abzupumpen, die Ihre Tagesmutter dann füttern kann. Ansonsten können Sie altersentsprechend auswählen: Eine Pre-Nahrung wird immer am besten vertragen, Sie können aber auch eine Typ-2-Nahrung ausprobieren. Wenn Sie dauerhaft die parallele Ernährung mit Muttermilch und Säuglingsnahrung für Ihr Baby einführen wollen, zum Beispiel weil Sie wieder arbeiten gehen, fangen Sie schrittweise schon einige Zeit vorher damit an. Dann ist an Ihrem ersten Arbeitstag der Ernstfall auch schon geprobt und die »Premiere« glatt über die Bühne gegangen.

Bei Verstopfung und Durchfall zum Arzt!

Ein Flaschenkind sollte täglich Stuhlgang haben. Dieser ist idealerweise geformt, aber nicht hart. Er sollte aber auch nicht breiig-flüssig sein.
Wenn Ihr Kind sich häufig mit Verstopfung quält, kann es sich um eine Unverträglichkeit handeln. Versuchen Sie es zuerst mit der Nahrung eines anderen Herstellers. Wenn das nicht hilft, ziehen Sie den Kinderarzt zurate.
Auch ein richtiger Durchfall ist bei einem Baby sofort behandlungsbedürftig, weil es dabei sehr rasch viel Flüssigkeit verlieren und in einen lebensbedrohlichen Zustand geraten kann. Ursache

kann eine Nahrungsunverträglichkeit sein, meistens handelt es sich aber um eine Infektion des Magen-Darm-Trakts. Außer einer sehr häufigen, meist übel riechenden, dünnflüssigen Stuhlentleerung in kurzen Abständen haben die kleinen Patienten dann oft Fieber. Gehen Sie unbedingt sofort zum Arzt, wenn Ihr Kind sich weigert zu trinken, wenn seine Lippen und seine Mundhöhle trocken sind, wenn es tief liegende Augen hat oder seine Fontanelle eingefallen ist.

Milchzuckerzusatz bei Verstopfung?

Ein Zusatz von Milchzucker ins Fläschchen ist nicht empfehlenswert. Früher erhielten nicht gestillte Babys Kuhmilchzubereitungen. Da Kuhmilch viel weniger Milchzucker (Laktose) enthält als Muttermilch, musste man diesen zusetzen. Heutige Fertigmilch enthält eine an die Muttermilch angepasste Menge Milchzucker. Wenn Sie der Fertigmilch extra Milchzucker zusetzen, bekommt Ihr Kind schmerzhafte Blähungen und dünnen Stuhlgang. Sogar Durchfälle können ausgelöst werden. Verzichten Sie also auf den Milchzuckerzusatz.

Das hilft Blähungen vermeiden

Fläschchenkinder schlucken beim Trinken oft sehr viel Luft mit. Achten Sie deshalb bei der Zubereitung der Flasche vorbeugend darauf, dass nicht zu viele Luftbläschen entstehen. Wenn Ihr Baby sehr empfindlich ist und oft Bauchweh und Blähungen hat, rühren Sie das Milchpulver besser in einem Topf ins heiße Wasser ein, statt die Flasche zu schütteln. Sonst bilden sich zu viele Luftblasen, die dem Bäuchlein Ihres Babys zu schaffen machen.

Falls doch einmal Schaum entstanden ist, können Sie die Flasche noch kurz im Flaschenwärmer stehen lassen, bis der Schaum zerfallen ist. Wenn Ihr Kind offensichtlich zu hastig trinkt, kann ein Sauger mit einem kleineren Loch helfen. Lassen Sie nach der Flaschenmahlzeit und bei Bedarf auch zwischendurch Ihr Baby ein Bäuerchen in aufrechter Position machen (siehe Nr. 11).

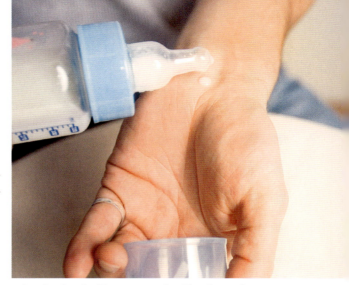

Darf man Babynahrung mit Leitungswasser zubereiten?

Die Trinkwasserverordnung gewährleistet eine gute Wasserqualität vom Wasserwerk bis zum Verbraucher. Kaum ein Lebensmittel wird so regelmäßig und häufig kontrolliert wie unser Trinkwasser, die Überwachung erfolgt durch das Gesundheitsamt. Dadurch wird eine Gesundheitsgefährdung besonders durch Krankheitserreger ausgeschlossen. Der Gesetzgeber hat für einzelne Substanzen wie Blei, Kupfer und Nitrat Grenzwerte festgelegt. Bei den Wasserwerken können Sie die Zusammensetzung Ihres Wassers nachfragen. Achten Sie auch auf den Nitratgehalt Ihres Trinkwassers. Der Grenzwert liegt derzeit bei 50 Milligramm pro Liter. Problematisch sind alte, bleihaltige Hauswasserleitungen sowie auch neuere aus Kupfer. Beide Metalle können durch Korrosion aus den Rohren herausgelöst und dann mit dem Trinkwasser aufgenommen werden und gesundheitsschädigend wirken. Um sicherzugehen, können Sie eine Probe zur Laboruntersuchung geben, das kostet rund 30 Euro. Adressen bekommen Sie ebenfalls bei Ihrem Wasseranbieter. Kochen Sie Ihr Leitungswasser auf jeden Fall ab, bevor Sie es Ihrem Säugling geben.

»Zur Herstellung von Babynahrung geeignet«

Auf diesen Hinweis auf dem Wasserflaschen-Etikett müssen Sie achten, wenn Sie Babynahrung mit Mineral- oder Tafelwasser zubereiten. Der Natriumgehalt eines solchen Wassers liegt unter 20 Milligramm pro Liter und es enthält wenig Nitrat (unter zehn Milligramm pro Liter). Auch Mineralwasser und Tafelwasser sollten jedoch immer abgekocht und die angebrochene Flasche sollte rasch aufgebraucht werden.

Prüfen Sie die Temperatur der Flaschennahrung sorgfältig an Ihrem Handgelenk.

Richtige Zubereitung von Fläschchennahrung

Achten Sie genau auf die Dosiervorschriften auf der Packung. Benutzen Sie nur den beigelegten Messlöffel. Das Wasser sollte immer frisch abgekocht werden und vor dem Mischen auf die angegebene Temperatur (meist 37 bis 50 °C) abgekühlt sein. Bevor Sie Ihrem Baby die Flasche geben, prüfen Sie, ob sie ungefähr Körpertemperatur hat (etwa indem Sie sie an die Innenseite Ihres Handgelenks halten). Es sollten keine Klümpchen in der Flüssigkeit sein. Vergessen Sie auch bei nächtlichen Mahlzeiten nicht, die Temperatur der Flasche zu prüfen und Ihre kleine Nachteule nach dem Trinken ihr Bäuerchen machen zu lassen.

Kann ich den Rest einer Milchmahlzeit aufbewahren und später füttern?

Nein, auf keinen Fall. In der zubereiteten Milchnahrung vermehren sich sehr schnell Bakterien. Trinkt Ihr Baby die Flasche nicht leer, kippen Sie den Rest bitte gleich weg.

59

Das Fläschchen für unterwegs

Besser, als das Fläschchen für unterwegs bereits zu Hause zuzubereiten, ist es, wenn Sie das abgekochte Wasser in einer kleinen Thermoskanne mitnehmen – am besten einer eigens fürs Baby reservierten. Tee oder Kaffee hinterlassen in den Kannen oftmals etwas Aroma und Ihr Baby würde das Fläschchen dann möglicherweise ablehnen. Das abgemessene Milchpulver können Sie schon vorher in das Fläschchen geben. Wenn Ihr Baby unterwegs Hunger hat, müssen Sie nur noch das Wasser dazugeben.

60

Was ist besser: Glas- oder Kunststoffflaschen?

Glasflaschen lassen sich besser reinigen und sind kratzbeständiger. Dafür sind Kunststoffflaschen stabiler und gehen nicht gleich zu Bruch, wenn sie runterfallen – vor allem wenn Ihr Baby schon selbst danach greift. In Kratzern lagern sich in Kunststoffflaschen gern Bakterien an und vermehren sich. Sondern Sie verkratzte und poröse Plastikflaschen unbedingt regelmäßig aus und verwenden Sie bitte keine älteren »ererbten« Fläschchen. Der Kunststoff, aus dem diese Flaschen meist noch bestehen, enthielt zur Härtung oft Bisphenol A (BPA). BPA wirkt ähnlich wie das weibliche Geschlechtshormon Östrogen, was gerade für Babys gesundheitsschädlich sein kann, da das Hormon im Körper angereichert wird. Der Verkauf BPA-haltiger Fläschchen ist deshalb inzwischen verboten. Babyflaschen aus Polypropylen, Polyethersulfon oder Grilamid gelten als BPA-frei.

61

Fläschchenreinigung in der Spülmaschine

Entfernen Sie Milchreste sofort mit heißem Wasser, danach können Sie die Fläschchen in den oberen Korb der Spülmaschine geben. Am besten verwenden Sie ein Bio-Maschinenspülmittel, um Spuren schädlicher Reiniger zu vermeiden. Wählen Sie ein 60 °C-Spülprogramm. Nach dem Spülmaschinengang müssen Sie das Fläschchen nicht zusätzlich auskochen. Durch die Hitze während des Trocknungsvorgangs in der Maschine sind die Flaschen bereits weitestgehend keimfrei. Plastikflaschen werden allerdings mit der Zeit durch die Spülmaschine sehr spröde und sollten für Milchnahrung dann nicht mehr verwendet werden.

62

Silikon oder Latex?

In diesen beiden Materialien werden die Fläschchensauger angeboten. Silikon hat den Vorteil, dass es geschmacksneutral ist. Kautschuk beziehungsweise Latex hat einen Eigengeschmack, weswegen manche Babys die Sauger aus diesem Material ablehnen. Latexsauger werden außerdem mit der Zeit klebrig und sollten spätestens dann ausgetauscht werden. Wenn das Baby schon Zähnchen hat, empfiehlt sich aber eher Latex, da es elastischer ist als Silikon. Babys kleine Zähnchen könnten das Silikon zerbeißen und Ihr Kind könnte dann die abgelösten Kleinteile einatmen oder verschlucken. Überprüfen Sie die Sauger, ob Silikon oder Latex, bei jeder Reinigung auf Risse und tauschen Sie sie gegebenenfalls gleich aus. Sind die Sauger intakt, reicht es dagegen, sie alle sechs Wochen auszutauschen.

63

Sauger richtig reinigen

Entfernen Sie Speichelreste am Sauger am besten mit Salz: Zunächst »kräftig würzen«, dann mit den Fingern fest abrubbeln und abspülen, das entfernt die Eiweißreste. Danach werden die Sauger mindestens fünf Minuten im sprudelnd kochenden Wasser ausgekocht (am besten stellen Sie sich einen Küchenwecker)!

64

Sauger sterilisieren – muss das sein?

Anfangs müssen die Sauger wirklich jedes Mal ausgekocht werden. Ab dem Krabbelalter reicht es dann, den »gesalzenen« Sauger mit heißem Wasser abzuspülen – denn Krabbelbabys stecken sowieso alles in den Mund. Bei gesunden Wohnverhältnissen und einem gesunden Baby erübrigt sich dann das Sterilisieren.

Milchnahrung: Allergische Reaktionen erkennen

Allergische Reaktionen auf Milchnahrung können sich als Durchfall, Erbrechen oder Entwicklungsstörungen zeigen sowie als Atemprobleme oder als bläuliche Verfärbung der Gesichtshaut um den Mund während oder kurz nach einer Mahlzeit. Auch Hautausschläge können auftreten, die manchmal nur schwer von einer harmlosen Neugeborenenakne zu unterscheiden sind. Sollten Sie solche Auffälligkeiten bei Ihrem Baby bemerken, zögern Sie bitte nicht, Ihren Kinderarzt zurate zu ziehen. Dort erfahren Sie auch, wie es mit der Ernährung Ihres Kindes am besten weitergeht.

HA-Nahrung zur Vorbeugung?

Häufig stellen Eltern die Frage, ob sie ihrem Kind nicht von vornherein eine hypoallergene Nahrung geben sollen. Das ist nicht der Fall, denn als Vorsorge ist sie nicht zu empfehlen. Ein Kind, das nicht allergiegefährdet ist, hat keine Vorteile durch HA-Nahrung. Gesunde Säuglinge sollten sich langsam an verschiedene Lebensmittel und Zutaten gewöhnen. Durch diesen für den Darm schonenden Lerneffekt können Sie das Risiko einer Allergieentstehung gering halten.
Die hypoallergene Nahrung ist speziell für allergiegefährdete Säuglinge gedacht, die nicht gestillt werden können. Zwar wird auch HA-Nahrung auf Kuhmilchbasis hergestellt. Die Eiweißbestandteile werden bei der Produktion allerdings noch stärker aufgespalten als in herkömmlicher Muttermilchersatznahrung. Bei gesicherter Milcheiweißallergie darf allerdings auch diese Nahrung nicht gefüttert werden.

Und wenn das Baby auch HA-Nahrung nicht verträgt?

Ein Kind, das auf alle Arten von Nahrung auffällig reagiert, muss auf jeden Fall kinderärztlich betreut werden. Zwar gibt es spezielle Heilnahrungen, mit denen man betroffene Kinder ernähren kann, der Nahrungsaufbau erfordert jedoch meist viel Engagement und Information der Eltern. Kompetente Hilfe in Ihrer Nähe können Sie beim Deutschen Allergie- und Asthmabund DAAB e.V. erfragen. Die Adresse finden Sie im Anhang (siehe Seite 157).

IM ERSTEN LEBENSJAHR TABU: KUHMILCH

Kuhmilch ist dasjenige Lebensmittel, das am häufigsten Allergien auslöst. Gerade allergiegefährdete Säuglinge sollten daher im ersten Lebensjahr entweder gestillt werden oder eine sogenannte hypoallergene (HA-)Nahrung bekommen. Die Kuhmilch-Allergie äußert sich in Gedeihstörungen, wässrigen Durchfällen oder Erbrechen, aber auch in Asthmaanfällen und akuten Hautausschlägen. Bei einer gesicherten Diagnose ist eine strenge kuhmilchfreie Diät notwendig. Es wird auch ein Zusammenhang zwischen der frühen Gabe von Kuhmilch und dem Auftreten der Zuckerkrankheit (Diabetes mellitus) diskutiert. Wissenschaftliche Belege gibt es dafür jedoch bisher nicht. Kuhmilch ist außerdem auf die Bedürfnisse von Kälbchen zugeschnitten und enthält für Babys zu wenig wichtige Nährstoffe, wie zum Beispiel Jod, Eisen und Kupfer, die in menschlicher Muttermilch in natürlicher Weise enthalten und der Fertigmilch zugesetzt sind.
Ob Soja-, Ziegen- oder Stutenmilch sinnvolle Alternativen sind, darüber streiten die Wissenschaftler schon lange. Es ist jedoch nachgewiesen, dass sich gegen Ziegenmilch, Stutenmilch und Soja ebenso Allergien entwickeln können wie gegen Kuhmilch. Es gibt vermutlich nur deshalb weniger Betroffene, weil nur wenige Menschen diese Eiweiße mit ihrer Ernährung überhaupt aufnehmen.

JUCHHEI, HIER KOMMT DER ERSTE BREI!

- ♥ Auf den Löffel, fertig, los! **48**
- 🫐 Rund um die Breikostmahlzeit **58**

AUF DEN LÖFFEL, FERTIG, LOS!

Etwa um den sechsten Lebensmonat herum beginnt sich Ihr Kind sozusagen löffelchenweise an das Essen der »Großen« zu gewöhnen. Diese Umstellung nimmt das gesamte zweite Lebenshalbjahr in Anspruch, oft dauert sie noch länger.

Die Weltgesundheitsorganisation (WHO) empfiehlt, ein Baby in seinen ersten sechs Lebensmonaten voll zu stillen. Auch wenn Sie nicht stillen, sondern Ihr Kind mit Muttermilchersatznahrung füttern, sollten Sie dies über sechs Monate lang tun.

Am besten ist es allerdings, wenn Sie selbst beobachten, wann Ihr Kind reif für die Beikost ist, und dann den Startschuss für den ersten Brei geben. Dies kann bei manchen Kindern bereits nach vier Monaten so weit sein. Es kann aber ebenso gut erst nach sechs Monaten oder noch später erfolgen. Ihr Baby braucht auch dann noch reichlich Zeit, um sich Schritt für Schritt an jedes neue Lebensmittel zu gewöhnen.

JETZT IST ES SO WEIT!

Ihr Kind ist reif für die Beikosteinführung, wenn es selbstständig aufrecht sitzen kann, sich für feste Nahrung interessiert und diese von sich aus in den Mund steckt. Sobald es die Nahrung nicht immer wieder aus dem Mund herausschiebt, hat sich der Zungenreflex abgeschwächt und Ihr Kind möchte nun wie die Großen kauen.

Eine Frage der Technik

Oft begreifen Kinder nicht gleich, dass sie beim Essen vom Löffel eine andere Technik anwenden müssen als beim Stillen: Die Zunge macht die gewohnte »melkende« Bewegung des Saugens und schiebt von vorn nach hinten. Der Speisebrei wird dadurch wieder aus der Mundhöhle befördert – ein Zeichen dafür, dass das Kind noch nicht ganz »beikostreif« ist. Oft weinen Babys nun enttäuscht, denn sie hatten kurzzeitig ein neues Geschmackserlebnis, aber bevor sie dieses genießen und erforschen konnten, war es schon wieder vorbei.

Starthilfe

Eine Möglichkeit: Halten Sie Ihrem Kind den Löffel nur an die Lippen und schieben ihn nicht in den Mund. Es wird den Brei ansaugen und dann auch im Mund behalten können. Wenn Sie selbst kochen, bereiten Sie den ersten Brei anfangs eher dünnflüssig zu, so kann Ihr Baby das Gemüse noch besser vom Löffel »saugen«. Mit der Zeit wird Ihr Kind lernen, vom Löffel zu essen, weil es mitbekommt, welch leckere Sachen es da gibt.

Vom Löffel essen will gelernt sein – haben Sie Geduld mit Ihrem Baby.

Lust zum Experimentieren

Wenn Sie bemerken, dass Ihr Kind Ihnen beim Essen fast den Bissen aus dem Mund schaut, dann zeigt es mit seinem Interesse, dass es in sozialer Hinsicht schon so weit ist, etwas Neues auszuprobieren. Ab etwa einem halben Jahr ist der Verdauungstrakt in aller Regel auch so weit, dass ein Baby andere Nahrungsmittel als Muttermilch(ersatz) verträgt. Sie können Ihrem Kleinen »zum Üben« schon mal einen Löffel in die Hand geben, auch ein mittelweich gekochtes Karottenstückchen kann interessant sein. Wahrscheinlich landet mehr davon auf der Kleidung (Tuch umbinden!) als im Mund, aber es befriedigt die Neugier und macht Lust auf mehr Selbstständigkeit.

Gemeinsame Mahlzeiten als Anreiz

Wenn Ihr Baby auch mit sieben Monaten noch kein Interesse an anderen Nahrungsmitteln zeigt und alles außer Muttermilch ablehnt, kann das ein Zeichen dafür sein, dass es noch nichts anderes verträgt. Von ihrer Zusammensetzung her liefert Muttermilch fast das ganze erste Lebensjahr über all das, was Ihr Kind braucht. Die wichtigere Frage ist die, wie Sie als »Produzentin« dem steigenden Energiebedarf Ihres Kindes auf Dauer nachkommen können. Um sein Interesse am Essen zu wecken, können Sie Ihr Baby im Stühlchen oder auf dem Schoß an den Familienmahlzeiten teilnehmen lassen. Früher oder später wird es seine Hände nach den Dingen auf Ihrem Teller ausstrecken.

50 Juchhei, hier kommt der erste Brei!

Essen mit Freunden

Wenn Ihr Baby nicht essen will, laden Sie öfter andere Familien mit kleinen Kindern zum Essen ein. Kinder lernen am liebsten von Kindern. Nach ein, zwei Mahlzeiten, bei denen Ihr Kind staunend den anderen zuschaut, wird es vermutlich mit Appetit mitessen.

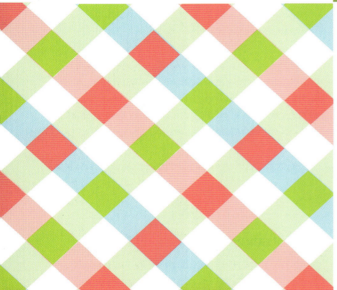

So klappt die Umstellung

Es gibt zwei Grundregeln, nach denen Sie sich richten können. Die erste lautet: Stellen Sie pro Monat nur eine tägliche Still-/Flaschenmahlzeit um. Die zweite Regel: Führen Sie pro Woche höchstens ein neues Lebensmittel ein. So wird der kleine Organismus nicht überfordert. Der Verdauungstrakt hat genug Zeit, zu zeigen, wie er mit jedem Nahrungsmittel zurechtkommt, und kann sich langsam umstellen.

Wie viel Brei ist eine Mahlzeit?

Wenn ein Baby eine Menge von 150 bis 200 Gramm Brei schafft, nimmt es eine vollwertige Mahlzeit zu sich. Doch während das eine Baby nach 100 Gramm satt ist, verputzt das andere nach einigen Tagen schon eine ganze Gläschenportion. Gestehen Sie Ihrem Baby Individualität zu. Zwingen Sie es nie zum Essen, auch wenn es nur kleine Portionen schafft.

74

Einstieg mit Möhren?

Die Karotte wird traditionell gern als erstes Beikostgemüse gewählt, sie ist jedoch kein Muss. Dass sie so gern zum Einstieg gewählt wird, hat verschiedene Gründe: Karotte ist in der Regel sehr gut verträglich. Sie schmeckt etwas süßlich und entwicklungsbedingt sind wir Menschen auf »süß = essbar« programmiert. Noch ein wichtiger Grund: Karottenbrei hat eine tolle Farbe und auch bei Kleinst-Gourmets isst das Auge schon mit! Geeignet sind anfänglich auch Kürbis, Pastinaken, Fenchel, Zucchini und Brokkoli.

75

Kinder lieben Rituale

Das »fremde« Essen ist neu für Ihr Baby. Es ist wichtig, ihm Sicherheit zu vermitteln.

- Schaffen Sie Rituale: Bieten Sie die Mahlzeit immer zur ungefähr gleichen Zeit, am gleichen Platz an, verwenden Sie immer denselben Teller, stellen Sie Babys Trinkbecher daneben. Ihr Kind kann sich so in wenigen Tagen an die Neuigkeit gewöhnen.
- Überfordern Sie Ihr Kind nicht. Ein oder zwei Löffelchen Gemüse sind anfänglich genug. Danach bekommt es noch seine gewohnte Milchmahlzeit. Mit steigender Essensmenge wird es weniger Milch trinken. Die Mahlzeit wird buchstäblich Schluck für Schluck umgestellt.
- Beobachten Sie Ihr Kind nach der Mahlzeit. Achten Sie auf sein Verhalten und auch auf den Windelinhalt. Sollten Sie den Eindruck haben, dass Ihr Baby ein Lebensmittel nicht toleriert, lassen Sie dieses zuerst noch weg.
- Lassen Sie sich und Ihrem Baby Zeit und freuen Sie sich gemeinsam aufs Essenlernen!
- Reagieren Sie gelassen, wenn erst einmal mehr Brei auf Latz und Fußboden landet als im Kindermund. Essen will eben gelernt sein. Wenn Ihr Kind das Essen ablehnt, zwingen Sie es nicht. Viele Kinder sind erst misstrauisch und probieren nach einer Weile dann doch.
- Bleiben Sie geduldig, wenn Ihr Kind mal gar nichts essen will. Kinder merken schnell, wie sie die Aufmerksamkeit auf sich ziehen können. Halten Sie die regelmäßigen Essenszeiten ein. Wenn Ihr Kind oft zwischendurch knabbert, hat es zu den Mahlzeiten natürlich wenig Appetit.

76

Brei aus dem Gläschen …

Fertignahrung bietet heute durch strenge Rückstandskontrollen ausgezeichnete Qualität ohne Pestizide, Dünger und Nitrate. Die Zutaten, die aus Bioanbau stammen, werden sanft gedünstet und per Dampfsterilisation keimfrei gemacht. Die Zubereitung ist schnell und einfach. Gegen Gläschenkost spricht eine unübersichtliche Sortenvielfalt, die schnell zur Überforderung des kindlichen Darms und damit zu Allergien führen kann. Sehr häufig entsprechen die aufgedruckten Altersangaben nicht den ernährungswissenschaftlichen Erkenntnissen, die Kost wird oft zu früh empfohlen und es kommt zu Verdauungsproblemen. Häufig enthalten Babygläschen zu viel Salz, Eiweiße oder Zucker. Auch Zusatzstoffe wie Bindemittel, versteckte Süßmittel, Aromen oder Gewürze sind ein Minus. Zudem ist die Fertignahrung relativ teuer.

… und selbst gekochter Brei

Selbst zubereitet schmeckt Gemüsebrei jeden Tag ein wenig anders, je nachdem, wie aromatisch das Gemüse war, wie lange es gekocht wurde und welches Öl Sie zugesetzt haben. Der Geschmackssinn des Babys lernt so, feine Nuancen zu unterscheiden. Die Gewöhnung an feste Nahrung geschieht langsam und sorgt für eine optimale Verdauung. Und dadurch, dass wenige Nahrungsmittel vermischt werden, können Unverträglichkeiten frühzeitig entdeckt werden.

Gemüsebrei: ruck, zuck zubereitet

- Garen Sie etwas frisches, geputztes und klein geschnittenes Gemüse (zum Beispiel eine Karotte) in einem kleinen Topf mit wenig Wasser.
- Pürieren Sie das Gemüse gründlich mit dem Kochwasser und rühren Sie einen knappen Teelöffel hochwertiges Speiseöl darunter.
- Wenn der pürierte Brei noch zu klumpig ist, streichen Sie ihn durch ein Sieb. Schon die festere Konsistenz ist für Babys ungewohnt, jedes Klümpchen kann da erst recht den Appetit verderben oder »in den falschen Hals geraten«.
- Verzichten Sie auf Salz und Gewürze. Ein Baby hat ein ganz anderes Geschmacksempfinden als ein Erwachsener. Für uns schmeckt ungewürztes Essen fade und langweilig, fürs Baby ist es aber genau das Richtige.
- Wenn Sie größere Mengen zubereiten, als Ihr Baby essen mag, können Sie das gekochte und pürierte Gemüse zu einer leckeren Suppe für die Großen weiterverarbeiten.

Etwas Öl zugeben

Das Speiseöl, das Sie dem Babybrei zusetzen, sollte am besten ein rein pflanzliches Öl mit einem hohen Anteil an den lebenswichtigen mehrfach ungesättigten Fettsäuren sein. Empfehlenswert sind vor allem Maiskeimöl, Rapsöl, Distelöl oder Sonnenblumenöl, am besten aus Bio-Anbau. Wechseln Sie die Sorten immer mal ab.

Die Empfehlung gilt auch für Fertignahrung: Ein Gläschen sollte acht bis zehn Gramm pflanzliche Fette enthalten, das entspricht zwei Teelöffeln Öl. Ist diese Menge nicht enthalten, mischen Sie zusätzlich Speiseöl unter. Das Fett hilft Ihrem Baby, Vitamine aufzunehmen, und sorgt für ausreichend Kalorien: Anfänglich sollten es pro Gläschen 140 bis 160 kcal sein, später mehr.

Ein Klacks Butter

Wenn Sie statt Öl etwas Butter in den Brei geben, beobachten Sie bitte wie bei jedem neuen Lebensmittel eine Woche lang, ob Ihr Kind die Butter gut verträgt. Sie können auch abwechseln und dem Gemüse Öl zugeben, dafür kommt in den Getreide-Obst-Brei ein kleiner Stich Butter. Soll Ihr Kind laut dem Rat Ihres Arztes noch keine Kuhmilch bekommen, verwenden Sie keine Butter, sondern ausschließlich Pflanzenöl.

Vorkochen und aufbewahren

Babys brauchen erst einmal keine Abwechslung beim Essen. Das heißt, dass Sie ganz einfach eine doppelte Portion kochen und die Hälfte für den nächsten Tag im Kühlschrank aufbewahren können. Oder Sie bereiten gleich mehrere Mahlzeiten zu und frieren diese portionsweise ein. Gut geeignet dazu sind 200-Milliliter-Gefrierdosen. Kühlen Sie die Behälter vor dem Einfrieren schnell herunter, zum Beispiel im kalten Wasserbad. Geben Sie das Speiseöl erst nach dem Auftauen und Erwärmen dazu, es verändert manchmal den Geschmack von Speisen, wenn es mit eingefroren war.

Bitte nur frisch auf den Tisch

Am besten entnehmen Sie bei Fertignahrung die Menge, die Ihr Baby voraussichtlich essen wird, mit einem sauberen Löffel aus dem Gläschen und geben sie zum Füttern in ein Schälchen. Das angebrochene Gläschen können Sie innerhalb von zwei Tagen verbrauchen, wenn Sie es solange im Kühlschrank aufbewahren.

Einmal erwärmten Brei – ob selbst gekocht oder aus dem Gläschen – sollten Sie niemals erneut erwärmen! Sonst können sich darin schädliche Bakterien bilden; außerdem geht beim erneuten Aufwärmen ein Großteil an Vitaminen und anderen Vitalstoffen verloren.

Was bedeutet der Hinweis »A« auf manchen Babygläschen?

Damit kennzeichnen die Hersteller besonders allergenarme Gläschenzubereitungen. Solche Gläschen dürfen maximal drei verschiedene Zutaten enthalten und sind damit ideal für allergiegefährdete Kinder.

Vitamin-C-Schleuse

Sobald Sie nach und nach Gemüse, Kartoffeln und, wenn Sie möchten, auch Fleisch eingeführt haben, sollten Sie dem Brei 30 Gramm Obstsaft oder Obstmus hinzufügen. Das darin enthaltene Vitamin C begünstigt die Aufnahme von Eisen aus dem Gemüsebrei. Probieren Sie aus, was Ihr Kind gut verträgt: Bei manchen Babys führt Orangensaft zu einem wunden Po, dann ist säurearmer Apfel- oder Birnensaft die erste Wahl.
Wichtig ist, dass Saft oder Obstmus aus frischen, reifen Früchten zubereitet und sofort verabreicht wird, nur dann bekommt Ihr Baby den vollen Vitamin-C-Gehalt ab. Wenn Sie dem Gemüsebrei keinen Saft hinzufügen möchten, können Sie auch einfach im Anschluss an den Mittagsbrei einige Löffel Obstmus als »Dessert« füttern.

Hmm, leckeres Obst!

Viele Kinder bekommen als zweite Beikostmahlzeit einen Obst-Getreide-Brei am Nachmittag oder am frühen Abend. Reine Obstgläschen liefern zu wenig Energie, Obst sollte daher immer mit Getreide kombiniert werden. Für den Anfang bieten sich Äpfel und Birnen an (beides zunächst gekocht und püriert), aber auch Bananen und Aprikosen.

Fleisch fürs Baby – ab wann, wie viel?

Nach den Empfehlungen des Forschungsinstituts für Kinderernährung in Dortmund (FKE) sollte Fleisch ab dem siebten oder achten Lebensmonat auf Babys Speisekarte stehen. Geeignete Fleischsorten sind die roten Fleischstücke von Rind oder Lamm, weil sie viel gut verwertbares Eisen enthalten.

Eine Menge von 20 bis 40 Gramm pro Woche genügt Ihrem Baby im zweiten Halbjahr. Wenn Sie Gläschen geben, schauen Sie nach, wie viel Fleisch darin enthalten ist, oft sind es nur etwa fünf Gramm. In diesem Fall sollten es mehrere solcher »Fleisch-Gläschen« pro Woche sein. Inzwischen gibt es Gläschen mit reinen Fleischzubereitungen. Sie können also den Gemüse-Kartoffel-Brei weiterhin selbst kochen und das Fleisch daruntermischen. Über Reste freuen sich Mieze und Bello!

Geht es auch ohne Fleisch?

Wenn Sie selbst sich vegetarisch ernähren, bedenken Sie: Ein kindlicher Organismus hat andere Bedürfnisse als ein erwachsener. Ihr Kind befindet sich im Wachstum, eine streng vegetarische Ernährung kann zu Mangelerscheinungen und Fehlentwicklungen führen, weil zum Beispiel nicht genug Eisen, B-Vitamine, Kalzium und Eiweiß aufgenommen werden. Wenn Sie den Speiseplan konsequent unter Berücksichtigung dieser Bedürfnisse zusammenstellen, können Sie Ihr Kind auch fleischlos ernähren. Besprechen Sie dies mit dem Kinderarzt, damit er bei den Vorsorgeuntersuchungen auf mögliche Besonderheiten in der Entwicklung achten kann. Sie können auch eine professionelle Ernährungsberatung in Anspruch nehmen.

Tipp für Vegetariereltern

Eine Fleischmahlzeit in der Woche reicht für die gesunde Entwicklung Ihres Kindes aus. Wenn es Ihnen widerstrebt, Fleisch zuzubereiten: Oft freuen sich die Großeltern, wenn das Enkelkind einmal in der Woche essen kommt. Oder Sie gründen mit anderen Familien einen Mittagstisch, bei dem Sie reihum kochen.

Keine Eier im ersten Lebensjahr

Manchmal ist zu hören, dass man hin und wieder ein rohes Eigelb in den Brei geben sollte. Das ist falsch! Denn rohe Eier sind schon allein wegen der Salmonellengefahr tabu. Aber auch sonst haben Eier auf dem Speiseplan Ihres Kindes im ersten Lebensjahr nichts zu suchen: Hühnereiweiß ist einer der größten Allergieauslöser – und im Eigelb besonders reich enthalten. Erst zwischen seinem ersten und zweiten Geburtstag kann ein Kleinkind pro Woche ein Ei essen. Das Gelbe vom Ei versteckt sich auch oft: Achten Sie beim Kauf von Babyzwieback und Babykeksen darauf, dass sie ohne Ei hergestellt sind. Wenn Sie Gläschen kaufen, die Nudeln enthalten, sollten auch diese eifrei sein.

Geeignete Getreidesorten für den Brei

Für die ersten Getreidebreie etwa ab dem siebten Monat eignen sich die gut verträglichen Reisflocken am besten. Reis ist jedoch nicht so gehaltvoll wie andere Getreidearten. Isst und verträgt Ihr Baby eine komplette Breimahlzeit mit Reisflocken, sollten Sie bald auf nährstoffreichere Getreide wie Hirse, Hafer oder Dinkel umsteigen. Auch Maisgrieß wird im Allgemeinen gut vertragen. Getreideprodukte sollten auf jeden Fall »aufgeschlossen« sein, zum Beispiel in Flocken- oder Grießform, gemahlen oder vorgekocht. Kleine Kinder vertragen noch keine Frischkornkost.

Zubereitung von Getreidebrei

Getreideflocken oder auch Grieß lassen sich problemlos mit Wasser oder verdünntem Obstsaft anrühren. Solange Sie noch stillen, können Sie Muttermilch verwenden. Diese sollte jedoch nicht zu stark erhitzt werden, da sonst wichtige Vitamine verloren gehen: Besser schonend im Wasserbad erwärmen und unter den mit Wasser angerührten, fertigen Brei mengen. Für das Fläschchenkind rühren Sie die Flaschennahrung wie gewohnt an und mischen sie mit den Getreideflocken. Eine andere Variante: Sie kochen das Wasser mit den Flocken auf und geben anschließend die entsprechende Menge Folgemilchpulver dazu. Solange Sie noch mindestens zwei Mahlzeiten stillen, können Sie den abendlichen Getreidebrei übrigens guten Gewissens nur mit Wasser anrühren. Durch die Stillmahlzeiten erhält Ihr Kind ausreichend Eiweiß und Kalzium.

Ab wann kann das Baby Kuhmilch bekommen?

Im ersten Lebensjahr ist Kuhmilch als Muttermilchersatz generell nicht empfehlenswert. Vollmilch enthält für den Säugling zu viel Eiweiß und Mineralstoffe und zu wenig mehrfach ungesättigte Fettsäuren und Spurenelemente. Liegt keine zu vermutende oder bekannte Allergieneigung vor, kann ein Baby zwar meistens mit etwa sieben Monaten verdünnte Kuhmilch verdauen. Leider drucken die Anbieter von Flocken und Breiprodukten fleißig Frischmilchrezepte auf ihren Packungen für Nahrung ab dem fünften Monat ab. Doch dies ist weder sinnvoll noch förderlich, denn der hohe Eiweiß- und Fettanteil der Kuhmilch ist für Kinder unter einem Jahr nicht verträglich.

Schmackhafter Kalziumlieferant

Milch ist eine wichtige Kalziumquelle, jedoch sollte Ihr Kind frühestens ab dem siebten Lebensmonat geringe Mengen an pasteurisierter Vollmilch oder H-Vollmilch mit einem Fettgehalt von 3,5 Prozent als Vollmilch-Getreide-Breimahlzeit bekommen. Der Kalziumbedarf des Säuglings kann so gut gedeckt werden. Mag Ihr Kind keinen Milchbrei, können Sie weißes Mandelmus aus dem Bioladen in den Getreide-Obst-Brei geben; das schmeckt lecker und enthält ebenfalls reichlich Kalzium.

Milchprodukte sind erst später an der Reihe

Joghurt und Quark enthalten sehr viel Eiweiß, das die kindlichen Nieren noch stark belastet. Das in Milchprodukten enthaltene Kalzium kann außerdem nicht gut verwertet werden. Warten Sie deshalb damit bis zum Ende des ersten Lebensjahres.

94

Empfohlene Rationen

Bei der Zusammenstellung der Beikost empfiehlt es sich, reichlich pflanzliche Lebensmittel, mäßig tierische und nur sparsam fettreiche Lebensmittel zu wählen. Ein Baby im Alter von einem Jahr benötigt pro Tag etwa 950 Kalorien. Das sieht dann etwa so aus:

- 600 Milliliter Getränke wie Wasser und Tee,
- 80 Gramm Getreide wie Brot, Flocken,
- 80 Gramm Kartoffeln oder Nudeln oder Reis und anderes Getreide,
- 120 Gramm Gemüse,
- 120 Gramm Obst,
- 300 Milliliter Muttermilch oder Milch (-produkte) oder etwa 30 Gramm Käse,
- 80 bis 100 Gramm Fleisch pro Woche,
- 1 bis 2 Eier pro Woche (auch in Gebäck),
- 50 Gramm Fisch pro Woche,
- 10 Gramm Fett in Form von reinem Pflanzenöl, Butter, Margarine, Sahne,
- höchstens 5 Gramm zuckerhaltige Lebensmittel wie Süßigkeiten, Ketchup, Säfte,
- höchstens 20 Gramm zucker- und fetthaltige Nahrungsmittel wie Schokolade, Kuchen und Ähnliches.

95

Mal mehr, mal weniger Appetit

Genauso wie Erwachsene haben auch Kinder nicht an jedem Tag gleich viel Appetit. Manchmal ist es ein Zeichen dafür, dass ein Kind krank wird, wenn es keinen Appetit hat. Zunächst aber sollten Sie gelassen reagieren und es akzeptieren, wenn Ihr Kind heute nicht viel essen mag. Es kann gut sein, dass es später Hunger hat und quengelt oder nach Knabbereien greift. Versuchen Sie, »Naschen« zu vermeiden, sonst verlieren Sie schnell den Überblick darüber, was Ihr Kind isst.

96

Einen Rhythmus fürs Essen finden

Nicht selten wachen Kinder auch noch mit einem Jahr – und manchmal sogar darüber hinaus – nachts auf und möchten essen. Das stört natürlich die Nachtruhe. Ein Kind in diesem Alter, das daran gewöhnt ist, auch nachts gefüttert zu werden, wird aus reiner Gewohnheit zu diesen Zeiten hungrig, obwohl es im Grunde keine Nahrung braucht. Es ist nun Ihre Aufgabe, Ihrem Kind beizubringen, zu angemessenen Zeiten Hunger zu entwickeln. Am besten führen Sie einige Zeit ein Tagebuch darüber, wann genau es was isst. Meistens kann man daran schon sehen, dass und warum ein Kind tagsüber zu wenig isst: unregelmäßige Mahlzeiten, Ablenkungen, Zeitdruck und Ähnliches. Anhand dieser Erkenntnisse lassen sich dann Lösungen entwickeln. Sofern nicht eine ernste Essstörung vorliegt, sollte das Problem in ein bis zwei Wochen behoben sein. Wichtig: Bei einer Essstörung (die allerdings bei kleinen Kindern sehr selten ist) muss ein Kinderarzt hinzugezogen werden und eine Therapie einsetzen.

Quinoa (oben) und Amaranth (unten) zählen zu den glutenfreien Nahrungsmitteln.

97

Glutenfreie Nahrung

Auf vielen Kindernahrungspackungen findet man den Zusatz »glutenfrei«. Gluten ist das in Roggen, Gerste, Weizen, Dinkel und Hafer enthaltene Klebereiweiß. Menschen mit der angeborenen Stoffwechselkrankheit Zöliakie müssen lebenslang darauf verzichten. Da man nicht weiß, ob ein Kind die Veranlagung dazu in sich trägt, wird empfohlen, Babys im ersten Jahr keine glutenhaltigen Lebensmittel zu geben. Zwar kann man einer Unverträglichkeit damit nicht vorbeugen, doch ist der Ausbruch einer Zöliakie durch die ständigen Durchfälle und die mangelnde Nährstoffaufnahme sehr belastend für ein Baby. Deshalb ist es sinnvoll, Ihr Kind erst mit glutenhaltigen Lebensmitteln in Berührung zu bringen, wenn es kräftig und stoffwechselstabil ist. Bis dahin kennen Sie zudem die Verdauungsgewohnheiten Ihres Kindes sehr genau und können eine Unverträglichkeitsreaktion besser und schneller einschätzen. Reis, Mais, Hirse, Buchweizen und Amaranth sind glutenfrei. Der Zusatz »glutenfrei« ist eigentlich nur auf getreidehaltigen Lebensmitteln sinnvoll, steht aber als Kaufanregung für besorgte Eltern oft auch auf Obstgläschen.

98

Allergien vorbeugen

Ist ihr Kind allergiegefährdet, etwa weil Sie oder Ihr Partner oder sogar Sie beide Allergiker sind, empfiehlt es sich, bei der Beikost auf einige Punkte zu achten:

- Kochen Sie möglichst selbst, mit Lebensmitteln aus Bio-Anbau. So sind Reaktionen auf Zusatz- oder Geschmacksstoffe oder Konservierungsmittel ausgeschlossen.
- Lassen Sie Ihrem Baby viel Zeit, jedes neue Lebensmittel kennenzulernen. Führen Sie nur alle zwei Wochen ein neues Lebensmittel ein. Im gesamten zweiten Lebenshalbjahr reicht es aus, wenn Sie drei bis vier Sorten Gemüse, drei bis vier Obstsorten, die glutenfreien Getreidesorten und eine bis zwei Fleischsorten auf dem Speiseplan haben.
- Unterschiedliche Kombinationen sind natürlich möglich. Was so eintönig klingt, kann das Immunsystem des Kindes stabilisieren – ein Baby braucht nicht ständig Abwechslung beim Essen.
- Verzichten Sie im ersten Lebensjahr auf folgende Lebensmittel: Sellerie, Tomaten, Zitrusfrüchte, Erdbeeren, Kuhmilch, Hühnerei, Fisch, Nüsse, Weizen, Soja, Gewürze, Schokolade sowie Fertignahrungsmittel.

RUND UM DIE BEIKOSTMAHLZEIT

Kinder, die zu regelmäßigen Zeiten ein appetitliches, ausgewogenes Angebot bekommen, lernen meist problemlos, sich mit Lust und Genuss satt zu essen. Schaffen Sie Ihrem Kind ein Umfeld, in dem Essen Freude macht. Denn das Essen dient auch dem Genuss und der Gastfreundschaft: Essen ist Kultur.

Mittags – die beste Zeit zum Starten

Als erste Beikostmahlzeit empfiehlt sich die Mittagsmahlzeit. Nach dem Vormittagsschlaf sind die meisten Kinder am Mittag wach, aufnahmefähig und bereit, etwas Neues auszuprobieren. Außerdem haben Sie dann noch den Nachmittag und Abend vor sich, um eventuelle Reaktionen Ihres Babys zu beobachten. Auffälliges Verhalten, wie zum Beispiel Weinen vor Bauchweh, können Sie dann viel besser einschätzen und darauf eingehen, als wenn Sie mit der Beikosteinführung abends loslegen. Es wäre ungünstig und sicher nicht in Ihrem Sinn, wenn Sie am Abend müde zu Bett gehen und schlafen wollen, Ihr Kind sich (und Sie) jedoch auf eine unruhige Nacht einstimmt, weil die Sinneseindrücke der neuen Abendmahlzeit einfach zu viel waren.

Fangen Sie daher lieber am Tag mit der ersten Beikost an und stellen Sie die Abendmahlzeit erst als zweite oder dritte Mahlzeit um. Dann haben Sie kaum mit Umstellungsschwierigkeiten zu rechnen.

Essen als sinnliches Erlebnis

Für ein Baby ist es wichtig, das Essen anfassen zu dürfen, um es im wahrsten Sinne des Wortes zu »begreifen«. In einer wichtigen Entwicklungs-, der sogenannten oralen Phase wird alles, was interessant scheint, erst einmal in den Mund gesteckt und dort gründlich »abgetastet«. Dies dient nicht nur der Lernerfahrung, sondern auch einer lebendigen Sinnesfreude. Ihr Kind nuckelt und schleckt, kostet und nippt, sabbert und saugt. Es reibt lustvoll die Lippen an Mamas Brustwarzen oder am Sauger seines Fläschchens. Später lutscht es ebenso eifrig an Brezeln, Brotkanten oder Spielzeug. Sobald es laufen kann, bleiben auch Stuhllehnen, der Badewannenrand und das eigene Spiegelbild von seinen feuchten Schmuseattacken nicht verschont.

Kleckern erlaubt!

Gönnen Sie Ihrem Kind dieses wichtige Erlebnis. Sorgen Sie mit Latz, Wachstischtuch und pflegeleichtem Bodenbelag umsichtig für Schadensbegrenzung. Tischmanieren wird Ihr Kind mit der Zeit ganz selbstverständlich lernen – und zwar genau so, wie Sie es ihm am Familientisch vorleben. Lassen Sie bewusst kurz vor dem Essen etwas Ruhe einkehren: Der erlebte Rhythmuswechsel bereitet Ihr Kleines innerlich auf die bevorstehende Mahlzeit vor. Spielen beim Essen oder sogar Essen vor dem Fernseher sollte unbedingt tabu sein!

Selbst essen – mit kleiner Hilfestellung

Ihr Kind will schon selbst essen und wird ungeduldig, wenn ihm das nicht richtig gelingt? Geben Sie ihm einfach einen Löffel, mit dem es richtig »werken« kann, und füttern Sie es gleichzeitig mit einem zweiten. Wenn dies nicht klappt, setzen Sie es in der Küche mit leerem Teller und Löffel in sein Stühlchen, während Sie dort seine Mahlzeit zubereiten. Wenn das Essen dann fertig ist, hat es vielleicht schon lange genug gespielt und lässt sich nun problemlos füttern.

Gemeinsames Essen am Familientisch

Die Ernährungsumstellung ist um den ersten Geburtstag Ihres Kindes weitgehend vollzogen. Viele Mütter behalten dann noch eine Stillmahlzeit bei, mehr wegen des »Kuschelfaktors« als zur Ernährung. Die meisten Lebensmittel verträgt Ihr Kind jetzt, allerdings können Salat, Fleisch, Nüsse und anderes mit nur wenigen Zähnchen noch schwierig zu beißen sein. Auch mit Gewürzen und Geschmacksstoffen sollten Sie noch zurückhaltend sein. Am besten kochen Sie weiterhin selbst – und zwar all das, was der ganzen Familie schmeckt! Fangen Sie spätestens jetzt an, feste Mahlzeiten gemeinsam mit Ihrem Baby am gedeckten Tisch einzunehmen. Auch Ihr Kleines wird die Geselligkeit beim Essen schätzen.

Für weichen Stuhl sorgen

Sobald ein Kind feste Nahrung zu sich nimmt, wird auch sein Stuhl fester; manchmal kommt es regelrecht zu einer Verstopfung. Um den Speisebrei im Darm weicher und flüssiger zu machen, ist es wichtig, dass Ihr Kind zum Essen auch etwas trinkt. Geben Sie Babys Brei ein Löffelchen hochwertiges Pflanzenöl zu. Das sorgt für eine bessere Passage der Nahrung im Magen-Darm-Kanal und ist außerdem sehr wichtig für die Gehirnentwicklung des Kindes. Auch einige Teelöffel frisch püriertes Birnenfruchtfleisch nach der Gemüsemahlzeit wirken sich oftmals sehr günstig auf Babys Verdauung aus.

Zwergenkekse, Monsterschlecker & Co.

Die Nahrungsmittelindustrie hat das Kind schon längst als kaufkräftigen Kunden erkannt: Viele Fertignahrungsmittel aus konventioneller wie auch aus biologischer Produktion werden in bunten Verpackungen und kleinen Größen speziell für Kinder angeboten. Viele Kinder mögen diese Produkte, nicht zuletzt, weil sie ansprechend verpackt sind. Lesen Sie vor dem Kauf die Zutatenliste: Meistens enthalten diese Produkte viel Zucker und Fett, außerdem Zusatzstoffe wie Aromen, synthetische Vitamine in oft fragwürdigen Mengen, Konservierungs- oder Bindemittel. Diese sind eher schädlich für die Gesundheit und beeinträchtigen das sich entwickelnde Geschmacksempfinden Ihres Kindes.

Ab wann darf ein Kind Süßigkeiten essen?

Solange es geht, sollten Sie Ihr Kind zumindest von industriell gefertigten Süßwaren fernhalten. Die natürliche Süße von Obst oder Trockenfrüchten reicht zum Beispiel völlig aus, um einen Getreidebrei zu süßen. Der Zusatz von Zucker ist völlig überflüssig. Später sollte Ihr Kind lernen, dass Süßigkeiten etwas Besonderes sind, das nicht ständig konsumiert wird. Jeder Genuss hat seinen Platz und seine Zeit. Der Zuckerkonsum eines Kindes hängt vor allem vom Umgang mit Süßigkeiten in der Familie ab: Wenn Eltern, Geschwister und Großeltern oft und viele Süßigkeiten essen, wird auch das Baby bald Anspruch anmelden! Achtung: Viele Hersteller von Babygläschen »verstecken« Zucker und Ersatzstoffe in ihren Produkten, dann finden sich als Zutaten Glukose, Sirup, Fruktose, Maltose, Maltodextrin auf dem Etikett. Außerdem wichtig: Je mehr Zucker ein Kind bekommt, umso sorgfältiger sollte die richtige Zahnpflege (siehe Nr. 244) beachtet werden.

Die richtige Keksauswahl

Kekse enthalten oft zu viel Zucker und zu wenig sättigende Kohlenhydrate. Das gilt leider auch für sogenannte »Babykekse«. Bieten Sie Ihrem Kind am besten ungesüßten Babyzwieback oder Dinkelstangen aus dem Bioladen oder Reformhaus an. Dort gibt es auch ungesüßte Dinkel- oder Haferkekse, die allerdings krümeliger und weicher sind und Babys Kaulust weniger fördern.

Das können Sie besser!

Wenn Sie etwas Getreidebrei mit einem Klecks fruchtiger Marmelade in einem bunten Schälchen servieren, aus selbst gekneteten Keksteig kleine Figuren ausstechen, saftige Melonenbällchen mit dem Melonenstecher herstellen und hin und wieder zum kreativen Food-Designer werden, kommen Sie dem Spieltrieb Ihres kleinen Essers entgegen.

108
Gesunde Alternativen für unterwegs

Anstelle von süßen Keksen ist eine kleine Dose mit Reiswaffeln im Kinderwagennetz eine geeignete Notfallration, um unterwegs den Hunger zu besänftigen. Ein Energiebündel für zwischendurch ist die Banane: Perfekt verpackt, lecker und sättigend. Mittlerweile gibt es auch in vielen Supermärkten Bio-Bananen.

109
Honig ist tabu

Honig, der nicht ausreichend erhitzt wurde, kann mit der Bakterienart Clostridium botulinum verunreinigt sein. Die Clostridien schütten im Körper Gifte aus, die sich negativ auf die kindlichen Nerven auswirken und schwere Muskellähmungen auslösen können. Gelangen die Erreger zum Beispiel mit einem honiggesüßten Brei oder Tee in den Körper eines Säuglings, können sie sich in seiner noch unreifen Darmflora gut vermehren. Geben Sie Ihrem Kind also erst nach dem ersten Lebensjahr Honig. Ab diesem Zeitpunkt kann das darin enthaltene Bakterium dem Organismus nichts mehr anhaben.

110
Babys Getränke

Die besten Durstlöscher sind stilles Mineralwasser (laut Packungsaufschrift für die Babyernährung geeignet!) oder Leitungswasser, das den Nitrat-Grenzwert von 50 Milligramm pro Liter nicht überschreitet, sowie ungesüßter Tee. Ungeeignet sind pure Säfte oder gezuckerte Limonaden. Sie verleiten zum Dauernuckeln oder -trinken und beeinflussen durch den hohen Kaloriengehalt das Essverhalten ungünstig. Wenn Sie Ihrem Baby Saft zu trinken geben möchten, dann bitte nur stark mit Wasser verdünnt.

111
Wasser im Becher anbieten

Dauernuckeln ist tatsächlich nicht zu empfehlen. Das Kind sollte seinen Becher bekommen, um seinen Durst zu löschen. Als Mittel gegen Langeweile ist er dagegen nicht geeignet. Haben Sie »nur« Wasser im Angebot, ist die Gefahr des Dauernuckelns ohnehin nicht sehr groß. Bieten Sie zu allen Mahlzeiten und auch zwischendurch den Becher an, aber überlassen Sie ihn nicht Ihrem Kind.

112
Wie viel soll ein Kind trinken?

Ein einjähriges Kind sollte rund einen knappen halben Liter pro Tag trinken, zusätzlich zu den Milchmahlzeiten, die es bekommt. Ein Baby, das noch viel Milch trinkt, braucht aber weniger zusätzliche Flüssigkeit als ein Kind, das kaum mehr Milch trinkt. Reichen Sie Ihrem Kind zu jeder Mahlzeit auch seinen Trinkbecher mit einem geeigneten Getränk.

LIEBEVOLLE BABYPFLEGE

- Bitte einmal waschen, schneiden, pflegen … 64
- Liebe geht über die Haut – Babymassagen 72
- Hülle und Schutz – Babys Kleidung 76
- Babys kleines Königreich 80

BITTE EINMAL WASCHEN, SCHNEIDEN, PFLEGEN ...

Die Pflege Ihres Kleinen ist viel mehr als nur notwendige Körperhygiene rund um Haut und Haar. Liebevolle Babypflege bedeutet zugleich auch innige Nähe, Vertrauen und Geborgenheit. Durch Ihre zärtliche Zuwendung kann Ihr Kind ein positives Gefühl für seinen eigenen Körper entwickeln.

Unentbehrliche Pflegeprodukte

Die wichtigsten Hilfsmittel zur täglichen Pflege Ihres Lieblings haben Sie bereits zu Hause: Wasser und einen Waschlappen. Zusätzlich brauchen Sie ein hochwertiges, unparfümiertes Pflanzenöl zur täglichen Körperpflege, für die Babymassage sowie zum Entfernen von Creme- oder Stuhlresten im Windelbereich. Nehmen Sie am besten ein Mandelöl, Olivenöl, Sesamöl oder Sonnenblumenöl aus kontrolliert biologischem Anbau. Sollte der Po Ihres Babys einmal wund sein, ist es außerdem sehr hilfreich, eine gute zinkoxid- oder panthenolhaltige Heilsalbe zur Hand zu haben.

Das sollten Sie Babys Haut zuliebe beachten

Wichtig in Bezug auf Babypflegeprodukte ist vor allem, dass Sie diese nicht ständig wechseln. Denn dadurch können sehr viel schneller und leichter unangenehme Hautirritationen, unter Umständen sogar Allergien entstehen.

Pflegeprodukte: Weniger ist mehr

Dosieren Sie alle Pflegemittel sparsam – das ist nicht nur gut für Babys Haut, sondern auch für Ihren Geldbeutel.
Die Pflegeprodukte für Ihr Baby sollten jeweils nur einen einzigen oder wenige Inhaltsstoffe aufweisen, die dafür aber hochwertig und von natürlicher Herkunft sind. Sie sollten außerdem frei von synthetischen Zusätzen sein. Produkte, deren Zutatenliste künstliche Farb- oder Duftstoffe sowie Konservierungsmittel aufweist, lassen Sie lieber gleich im Regal stehen. Produkte aus natürlichen Rohstoffen sind zwar in der Anschaffung etwas teurer, doch sind sie meistens auch äußerst ergiebig und werden von der zarten Babyhaut in der Regel hervorragend vertragen. Das macht ihre Anwendung unkompliziert, angenehm und sicher.

RUND UM BABYS NABELPFLEGE

Auf die Frage, wie Babys Nabel richtig zu pflegen ist, gibt es keine allgemeingültige Empfehlung. In vielen Kliniken wird der Nabelstumpf mit Alkohol, einer speziellen Tinktur oder gar mit einem antibiotischen Puder gepflegt. Andere behandeln ihn gar nicht. Viele Hebammen haben ein eigenes »Geheimrezept«, manche empfehlen auch ein Nabelöl. Zwar werden den Nabelölen meistens desinfizierende ätherische Öle zugesetzt, für ein rasches Abfallen ist es jedoch wichtig, den Nabelschnurrest sauber und trocken zu halten, den Nabelstumpf regelmäßig zu reinigen und anschließend mit einem Nabelpuder zu versorgen.

Eintrocknen erwünscht

Bei der Abheilung des Nabels geht es nämlich darum, dass der Nabelschnurrest rasch eintrocknet und abfällt, damit Infektionen verhindert werden. Der Nabelschnurrest enthält nach der Geburt noch sehr viel Wasser, das während des Eintrocknens verdunstet. Das restliche Gewebe »mumifiziert«, das heißt, es trocknet ein und stirbt ab – ein notwendiger und erwünschter Vorgang. Mit einem Öl, das aus den Samen oder Früchten einer Pflanze gewonnen wird, unterstützt man eher die Aufbaukräfte eines Gewebes und macht es weicher. Oft wird die Nabelabheilung dann etwas verzögert, weil man das Gewebe mit dem Öl sozusagen noch »nährt«.

Puder zur Nabelpflege

In der Hebammenpraxis hat sich ein Puder mit Heilpflanzenauszügen bewährt, der den Nabelschnurrest rasch austrocknet. Sie bekommen ihn von Ihrer Hebamme oder in der Apotheke. Tragen Sie ihn bei jedem Wickeln frisch auf und entfernen Sie einmal am Tag alle Puderreste mit einer sterilen Kompresse, die Sie mit verdünnter Calendula-Essenz tränken (ein Esslöffel auf einen Viertelliter abgekochtes Wasser). Erfahrungsgemäß fällt der Nabelschnurrest auf diese Weise am schnellsten ab.

Den Sitz der Windel anpassen

Mit einer luftdurchlässigen Nabelkompresse bleibt der Nabel trocken und der Windelrand kann nicht daran scheuern. Wichtig ist, dass die Windel nicht über den Bauchnabel reicht: Das feuchte Milieu der Windel würde den Abtrocknungsprozess des Nabelschnurrests verzögern. Außerdem könnten Urin oder Kot die Wunde infizieren.

Wundschorf bitte in Ruhe lassen

Auf keinen Fall sollten Sie versuchen, die Krusten aus dem Nabel zu lösen – auch nicht beim Baden. Dabei könnten Sie Ihr Baby verletzen. Manchmal nässt die Nabelwunde noch einige Tage, nachdem der Nabelschnurrest abgefallen ist. Das ist kein Grund zur Sorge. Wenn der Nabel allerdings ständig nässt, gerötet oder eitrig entzündet ist, sollten Sie ihn Ihrer Hebamme oder dem Kinderarzt zeigen.

Das Baby baden – wie oft?

Durch die Allergieforschung weiß man heute: Häufiges Baden belastet den noch unreifen Säureschutzmantel der dünnen Babyhaut zu sehr. Weniger ist also mehr! Für ein Neugeborenes reicht ein- bis zweimal Baden pro Woche völlig aus, denn es macht sich – von gefüllten Windeln und gespuckter Milch einmal abgesehen – noch nicht schmutzig. Halten Sie den Windelbereich immer sauber und waschen Sie Händchen und Gesicht öfter am Tag einmal mit klarem Wasser ab. Wenn Ihr Baby später zum Krabbelkind wird und die Faszination von Blumentopferde, Komposteimer oder Bellos Hundenapf für sich entdeckt, darf es auch gerne öfter in die Wanne!

Die optimale Wassertemperatur

Der Richtwert für das Babybad liegt bei 37 °C. Aber auch die Kleinen haben unterschiedliche Bedürfnisse: Es gibt kleine »Frostbeulen«, denen schnell kalt wird. Oder robuste »Wasserratten«, die sich auch im kühleren Nass wohlfühlen. Für alle gilt: Sobald Füßchen oder Nase kalt werden, frieren die Kleinen und das Baden sollte beendet werden.

Lieblingsbadezeit

Welche Tageszeit für Babys Bad am besten geeignet ist, richtet sich nach den Vorlieben Ihres Kindes sowie dem Zweck, den das Bad erfüllen soll. Neugeborene badet man idealerweise mindestens eine Stunde nach einer Mahlzeit – sie können sonst leicht erbrechen. Für ältere Babys ist ein Bad vor dem Schlafengehen oft ideal, da es sie beruhigt. Aber längst nicht alle Babys baden gern am Abend, manche planschen lieber morgens. Wieder andere baden überhaupt nicht gern, sodass das Bad, wenn es denn nötig ist, eher kurz ausfällt. Beobachten Sie Ihr Kind beim Baden und nehmen Sie seine Signale wahr – dann werden Sie seine Lieblingsbadezeit schnell herausfinden.

Badewasser pur

Auf einen Badezusatz können Sie getrost verzichten – unterschätzen Sie die Reinigungskraft von warmem Wasser nicht! Es reicht, wenn Ihr Kleines in klarem Wasser badet und dabei sanft von Hand oder mit einem Waschlappen abgewaschen wird. Einen Badezusatz können Sie verwenden, sobald Ihr Kind draußen krabbelt und spielt, denn erst dann kommt es in Kontakt mit Schmutz und fremden Keimen. Verwenden Sie dann auf jeden Fall rückfettende Produkte ohne Tenside, um die zarte Babyhaut nicht zusätzlich auszutrocknen.

Für besonders empfindliche Haut

Kleopatra lässt grüßen: Ein idealer Badezusatz für Babys ist Muttermilch. Gerade Babys mit empfindlicher Haut oder mit Neurodermitis hilft dies ausgezeichnet! Geben Sie einfach einige Spritzer aus Ihrer Brust ins Badewasser oder pumpen Sie etwas Milch ab und geben sie zum Wasser.

Baden mit Mama oder Papa

Nähe, Körperkontakt, Wärme, Schwerelosigkeit – das Bad zusammen mit Mama oder Papa in der großen Wanne ist für die meisten Babys ein Genuss. Sobald der Nabel vollständig abgeheilt ist, kann es losgehen. Lassen Sie Ihr Kind anfangs nur ein paar Minuten im Badewasser, da es sonst zu schnell auskühlt. Mit zunehmendem Alter kann der Organismus seine Temperatur besser halten, dann darf auch länger geplanscht werden. Fürs Familienbad lassen Sie den Badezusatz erst einmal weg.

Haarewaschen leicht gemacht

Fürs Haarewaschen benötigen Babys kein Shampoo. Es reicht, wenn Sie das Haar beim Baden mit einem Waschlappen und klarem Wasser sanft abwaschen. Wenn der Haarschopf dichter wird, können Sie ein mildes Babyshampoo benutzen. Produkte, die laut Werbung beim versehentlichen Kontakt mit dem Auge keine Tränen verursachen, enthalten meist ein oberflächlich wirkendes Betäubungsmittel. Dass die aggressiven Inhaltsstoffe die Augen reizen, wird dadurch lediglich überdeckt.

Unter dem Mützchen trocknen lassen
Wenn Ihr Baby es mag, können Sie ihm nach dem Baden die Haare föhnen. Doch achten Sie bitte unbedingt darauf, dass Sie die niedrigste Temperaturstufe gewählt haben und ausreichend Abstand zu Babys Kopfhaut halten. Um die Föhntemperatur fortlaufend kontrollieren zu können, halten Sie stets eine Hand unmittelbar am Köpfchen Ihres Kindes. Sollte sich Ihr Kind allerdings vor dem lauten Gebläse fürchten, setzen Sie ihm lieber nach dem Bad ein Mützchen auf, bis die Haare trocken sind.

125

Regelmäßig bürsten

Manchmal verfilzt das feine Kinderhaar durch das Reiben des Hinterkopfes auf der Unterlage im Bettchen. Dagegen hilft kein spezielles Shampoo, sondern regelmäßiger Lagewechsel und das regelmäßige sorgfältige Kämmen oder Bürsten der Haare.

Pflege bei trockener Haut

Babyhaut ist um ein Vielfaches dünner als die Haut von Erwachsenen. Sie hat noch keine schützende Hornschicht und reagiert wesentlich sensibler auf Umwelteinflüsse. Da auch die Talgdrüsen noch nicht voll funktionsfähig sind, fehlt ihr zur Abwehr von Krankheitskeimen ein stabiler Schutzmantel. Pflegen Sie trockene Babyhaut deshalb täglich mit einem hochwertigen Babyöl oder einer fetthaltigen Creme. Verwenden Sie bitte keine Babylotion oder Babymilch. Diese enthalten zur Konservierung meistens Alkohol, der die zarte Haut bei häufigem Gebrauch zusätzlich austrocknet.

Hautfalten regelmäßig prüfen

Hautfalten neigen bei Babys besonders dazu, wund zu werden. Schauen Sie deshalb immer einmal hinter die Ohrmuscheln, in die Hautfalten am Hals und unter die Achselhöhlen. Das Wichtigste: Halten Sie gerötete oder wunde Hautfalten stets trocken und behandeln Sie diese Stellen ebenso wie einen wunden Po (siehe Nr. 135). Wenn Sie stillen, tragen Sie regelmäßig etwas Muttermilch auf die Stellen auf. Verwenden Sie zur Pflege keinen Babypuder, da dieser durch die Hautfeuchtigkeit in den Falten klumpt und dann zusätzlich an der Haut reibt.

It's a girl! Intimpflege zum Ersten

Reinigen Sie die großen (äußeren) Schamlippen Ihrer Tochter mit einem feuchten Waschlappen oder mit ein wenig Öl von vorn nach hinten, von der Scheide aus Richtung After. Auf diese Weise vermeiden Sie, dass Keime in die Scheide gelangen. Stuhlreste zwischen den großen und kleinen Schamlippen entfernen Sie auf die gleiche Art.

It's a boy! Intimpflege zum Zweiten

Zur Intimhygiene Ihres Jungen reinigen Sie Penis und Hodensäckchen mit Wasser und mit ein wenig Öl zur Entfernung von Stuhlresten. Säubern Sie vor allem auch die Falten in der Leistengegend und den Bereich unter den Hoden gründlich. Auf keinen Fall sollten Sie bei Ihrem Sohn die Vorhaut zur Pflege zurückziehen – auch nicht ab und zu. In den ersten Lebensjahren besteht eine natürliche Verklebung von Eichel und Vorhaut – ein Schutz vor Entzündungen der Eichel im Windelalter. In vielen Fällen löst sich die Vorhaut zwischen dem ersten und vierten Lebensjahr selbstständig von der Eichel ab. Manchmal dauert es auch bis in die Pubertät hinein. Durch ständiges Zurückziehen der Vorhaut kann es zu Einrissen, Entzündungen und Narbenbildung kommen. Die Folge wäre eine echte Vorhautverengung (Phimose), die durch eine Beschneidung behoben werden müsste.

Vorsicht beim Nägelschneiden

Die weichen Nägel des Babys brechen in den ersten Wochen meist von selbst ab. Der Übergang zum Nagelbett ist noch schwer zu erkennen. Ab der sechsten bis achten Woche können Sie die Nägel mit einer Babynagelschere schneiden. Kratzt Ihr Baby sich stark, ziehen Sie ihm Söckchen über die Hände. Sie dürfen die zu langen Fingernägel auch abknabbern. Zunge und Zähne sind sehr gefühlvoll, es besteht keine Gefahr, Ihr Baby zu verletzen. So gibt es keine scharfen Kanten, die zu Kratzern im Babygesicht führen könnten. Schneiden Sie Ihrem Baby am besten die Nägel, wenn es schläft. Dann hält es wunderbar still und Sie können ganz beruhigt schneiden. Zu zweit ist dies am Anfang einfacher: Einer hält ganz ruhig die Babyhand fest und der andere konzentriert sich aufs Schneiden.

131

Die Äuglein sanft säubern

Angetrocknetes Sekret in Babys Augenwinkel, wie es etwa nach dem Schlafen vorkommen kann, entfernen Sie, indem Sie ein Wattepad in lauwarmes klares Wasser tauchen und das geschlossene Auge Ihres Kindes von außen zur Nasenwurzel hin vorsichtig ausreiben. Verwenden Sie für jedes Auge ein frisches Wattepad.

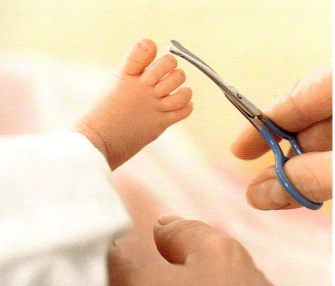

132

Nagelschere ohne gefährliche Spitzen

Zum Nägelschneiden können Sie zwar auch einen kleinen Nagelknipser verwenden, aber die Verwendung einer abgerundeten Baby-Nagelschere ist einfacher, weil Sie damit mehr Gefühl haben und sie besser in der Hand liegt. Drücken Sie die kleinen Fingerkuppen vor dem Schnitt etwas vom Nagel weg, damit Sie nicht aus Versehen in die Haut schneiden.

133

Ohren nur äußerlich reinigen

Beschränken Sie sich auf die Ohrmuschel und den Bereich hinter dem Ohr. Beides können Sie mit einem weichen Waschlappen und etwas lauwarmem Wasser gut reinigen. Achten Sie darauf, dass kein Wasser ins Ohr gelangt. Wattestäbchen sind tabu: Das zarte Trommelfell kann beschädigt werden und sie drücken das Ohrenschmalz noch weiter nach innen.

Viel frische Luft für einen wunden Po

Fast alle Babys haben früher oder später einmal einen wunden, stark geröteten Po. Bei längerem Kontakt mit Urin und Stuhl wird die Haut in der Windelregion angegriffen – das feuchtwarme Windelmilieu ist dann ein idealer Brutkasten für Bakterien und Pilze auf dem gereizten Babypopo. Die typischen Beschwerden sind rote, nässende, juckende und schuppende Hautstellen, die Schmerzen bereiten. Eine konsequente Pflege ist jetzt unbedingt erforderlich. Wechseln Sie häufiger die Windeln, reinigen Sie den Po nur mit klarem Wasser und einem frischen Waschlappen und tupfen Sie die Windelregion besonders in den Hautfalten sorgfältig und behutsam trocken. Geben Sie Ihrem Baby so oft wie möglich »windelfrei«. Einige Tropfen Muttermilch auf der wunden Hautstelle lindern die Reizung. Eine zinkoxydhaltige Heilsalbe sorgt dafür, dass die Feuchtigkeit von den betroffenen Hautstellen ferngehalten wird, und schützt zuverlässig vor Staunässe, ohne die Hautatmung zu beeinträchtigen.

Besser nicht föhnen

Manchmal ist der Rat zu hören, dass man den wunden Po trocken föhnen solle. Das stimmt nicht. Die heiße Föhnluft entzieht der Haut viel Feuchtigkeit und macht sie dadurch noch empfindlicher. Immer wieder kommt es auch zu Verbrennungen und Stromunfällen, weil ein Baby plötzlich Pipi macht und der Strahl das eingeschaltete Gerät trifft.

Wundsein vorbeugen

Wenn der Po Ihres Babys immer wieder wund wird, überlegen Sie sicher, was Sie schon im Vorfeld dagegen tun können. Die wichtigsten Maßnahmen sind:

- Stillen Sie gegebenenfalls so lange wie möglich, denn Muttermilchstuhl reizt die zarte Babyhaut am wenigsten.
- Wechseln Sie die Windeln häufig, um den Kontakt zu aggressiven Stoffwechselprodukten aus Urin und Stuhl zu verringern.
- Wechseln Sie bei Stuhlgang die Windel sofort.
- Wickeln Sie locker, dann kann die Haut gut atmen, und geben Sie dem Babypo öfter einmal »windelfrei«.
- Waschen Sie den Po nur mit warmem Wasser, verwenden Sie keine Seife oder andere entfettende Badezusätze. Po und Hautfalten müssen vollständig trocken sein, bevor Sie neu wickeln.
- Tragen Sie eine weiche Zinkpaste oder eine mild gerbende Paste (zum Beispiel mit Eichenrinde) dünn auf. Dicke Cremeschichten verhindern, dass Luft an die Haut kommt, und reizen erneut beim Wegwischen.
- Wechseln Sie zu einer alternativen Wickelmethode. Der Fachhandel bietet verschiedene Wickelmethoden mit Naturtextilien an. Im Internet werden Sie unter den Suchwörtern »natürlich wickeln« fündig.

Was ist besser: Stoffwindeln oder Einwegwindeln?

Das ist vor allem eine Frage Ihrer persönlichen Vorlieben: Beides ist ungefähr gleich teuer, beides belastet die Umwelt in ähnlichem Maße (bei Stoffwindeln wegen der vielen Waschgänge!). Der Zeitaufwand ist durch Waschen, Trocknen und Falten bei Stoffwindeln ein wenig höher. Etwas preisgünstiger wird das Wickeln mit Stoffwindeln dann, wenn Sie sie für mehr als ein Kind verwenden. Wenn Sie sich für Stoffwindeln entscheiden, erkundigen Sie sich nach einem professionellen Windelservice: Gebrauchte Stoffwindeln werden abgeholt, und Sie bekommen frisch gewaschene Windeln zurück.

Bitte einmal waschen, schneiden, pflegen ...

Mehr oder weniger feucht

Einmalwindeln verwandeln in einer tiefer liegenden Schicht Urin und flüssige Anteile des Stuhls durch chemische Substanzen zu einer gelartigen Masse. Der Popo bleibt auf diese Weise trocken. Die Kinder spüren keine unangenehme Feuchtigkeit wie bei den Stoffwindeln. Für manche Kinder ist dieses Gefühl des Unbehagens ein Grund, etwas früher auf Töpfchen oder Toilette umzusteigen. Dennoch lässt sich nicht generell behaupten, dass ein Baby deshalb schneller sauber wird.

137
Windelwechsel einmal anders

Warum nicht? Viele Eltern, die Stoffwindeln verwenden, nutzen unterwegs, nachts oder auf Reisen Einmalwindeln und machen gute Erfahrungen damit. Probieren Sie einfach einmal aus, wie dies Ihrem Kind gefällt.

138
Schutz vor der Sonne

Sonnencremes sind heute in jedem Alter unverzichtbar – auch bereits für Babys unter einem Jahr. Allerdings sollten Sie Ihren Nachwuchs bis zum vollendeten ersten Lebensjahr ohnehin nicht der direkten Sonne aussetzen, sondern besser leicht bekleidet im Schatten platzieren. Da die UV-Strahlen jedoch auch im Schatten wirksam werden, benötigt Ihr Kind dort zusätzlich eine Sonnenschutzcreme. Die dermatologisch getestete Creme oder Lotion sollte einen möglichst hohen Lichtschutzfaktor haben (mindestens 20, besser höher), keine chemischen Zusatzstoffe aufweisen und einen mineralischen Schutzfilter bieten. Cremen Sie Ihr Kind besonders an den Stellen gut ein, die nicht von der Kleidung bedeckt sind, sowie an den sogenannten »Sonnenterrassen« Stirn, Nase und Wangen, die sich besonders schnell röten.

139
Winterliche Gesichtspflege

Draußen in der kalten Winterluft wird zarte Babyhaut sehr schnell trocken und rissig. Sie enthält mehr Wasser und viel weniger schützendes Fett als erwachsene Haut. Das macht sie durchlässiger und besonders empfindlich gegen Kälte. Eine fetthaltige Creme bewahrt zarte Baby- und Kinderhaut vor Verdunstungskälte. Cremen Sie Gesicht und Händchen Ihres Babys im Winter immer ein. Am besten eignen sich wasserfreie Produkte, da sie auch bei Minusgraden nicht auf der empfindlichen Babyhaut gefrieren.

Schützen Sie die Haut Ihres Babys im Winter mit einer Creme vor Verdunstungskälte.

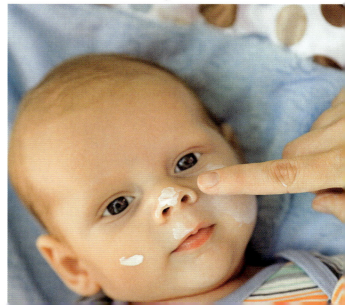

LIEBE GEHT ÜBER DIE HAUT – BABYMASSAGEN

Schon bei der Geburt hat Ihr Baby seine erste kräftige Massage erfahren. Auf seinem Weg durch den Geburtskanal wurden wichtige Nervenzellen der Haut stimuliert und der kleine Organismus optimal auf lebenswichtige Funktionen wie Atmung und Verdauung vorbereitet.

Berührung, Körperkontakt und Nähe sind elementare Grundbedürfnisse des Menschen. Schon im Mutterleib wurde Babys Haut ständig von warmem Fruchtwasser umspült und sanft von der Gebärmutter stimuliert. Das gab Ihrem Kind Sicherheit Wärme und Geborgenheit. Massiert zu werden ist Ihrem Kind also bereits bestens vertraut. Wissenschaftliche Untersuchungen belegen, dass regelmäßige liebevolle Babymassagen sich günstig auf die körperliche, geistige und seelische Entwicklung von Kindern auswirken. Auch das Finden eines eigenen Tag-Nacht-Rhythmus fällt Babys so leichter.

Ab wann ist eine Babymassage möglich?

Ein gesundes Baby können Sie mit sanften, leichten Streichungen bereits unmittelbar nach der Geburt massieren. Ganz wichtig ist es, zu spüren, was das Kind gerade benötigt. Manche Kinder sind von der Geburt noch sehr angestrengt und brauchen Zeit zum Ankommen in der Welt außerhalb des Mutterleibes, bevor man sie massieren sollte. Genauso gibt es forsche Neugeborene, die schon bald neu-

Wärmen Sie Ihre Hände gut an, bevor Sie Ihr Baby massieren.

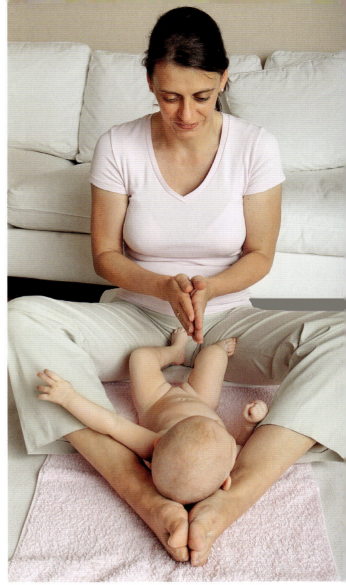

gierig und wach die Welt erkunden möchten. Diese Kinder dürfen ruhig noch etwas träumen, bevor sie sich mit aller Aufmerksamkeit ihrer Umgebung widmen. Mit beruhigenden Massagen helfen Sie Ihrem Kind dabei.

Sanft beginnen

Manche Eltern haben Angst, ihrem Sprössling mit der Massage wehzutun. Zu Unrecht: Ein Baby ist längst nicht so zerbrechlich wie oft angenommen. Dennoch sollten Sie Ihr Kind in den ersten zwei bis drei Lebensmonaten sehr sanft und vorsichtig massieren. Später können Sie auch Massagetechniken anwenden, die mit sanftem Druck und eindeutigem Rhythmus tiefere Muskelschichten ansprechen. Diese etwas kräftigere indische Massage ist zwar recht anstrengend und oft sind die Kinder danach hungrig und müde. Aber die meisten mögen sie gern, denn zaghafte oder sogar zögerliche Berührungen vermitteln einem Baby eher Unsicherheit.

Auf die individuellen Bedürfnisse achten

Manche Kinder sind nicht gern nackt oder möchten nicht auf dem Rücken liegen. Dann können Sie über einem gut sitzenden Body (Baumwolle oder Seide) massieren oder Ihr Kind bäuchlings über Ihre Beine legen. Wenn Sie selbst schlecht gelaunt, nervös oder gestresst sind, sollten Sie Ihrem Kind zuliebe die Massage auf ein andermal verschieben.

Wann sollte man auf die Babymassage verzichten?

Tabu sind Massagen, wenn Ihr Kind Fieber hat, bei einer Neugeborenen-Gelbsucht oder einer entzündlichen Hauterkrankung. Für den ohnehin belasteten Stoffwechsel wäre zusätzliche Anregung ungünstig. Verzichten Sie auch auf eine Massage, wenn das Bäuchlein Ihres Kindes voll ist, weil es gerade erst gestillt wurde oder getrunken hat.

74 Liebevolle Babypflege

Macht Massage müde oder munter?

Anregende Massagen, bei denen man mit kräftigem Druck und zügigen Griffen arbeitet, eignen sich für morgens. Die beruhigenden Abendmassagen kommen mit wenig Druck und ruhigen Streichbewegungen aus. Beobachten Sie Ihr Kind und richten Sie sich nach seinen Vorlieben.

Der beste Zeitpunkt zum Massieren

Ihr Baby sollte wach und satt sein. Direkt nach einer Mahlzeit verzichten Sie besser auf die Massage. Eine gute Gelegenheit ist nach einem Bad. Wichtig ist eine ruhige Atmosphäre: Nehmen Sie sich genug Zeit für Ihr Kind und schenken Sie ihm Ihre ganze Aufmerksamkeit. Bereiten Sie alles vor (Heizstrahler einschalten, Massageöl, weiche Unterlage, frische Windel und Kleidung), sodass Sie die Massage nicht unterbrechen müssen.

Gute Voraussetzungen schaffen

Achten Sie auf eine warme Raumtemperatur, schließlich ist Ihr Baby die ganze Zeit nackt und die schönste Massage macht keinen Spaß, wenn man friert. Achten Sie außerdem darauf, dass Ihre Fingernägel nicht zu lang sind, und legen Sie Armbanduhr und Schmuck vor dem Massieren ab.

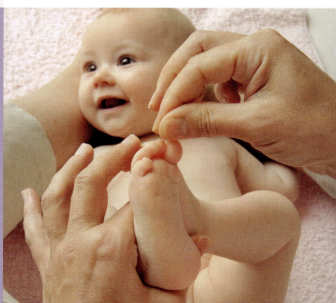

Welches Massageöl sollte es sein?

Hervorragend geeignet sind Sesam-, Mandel-, Sonnenblumenöl und Jojobawachs. Entscheidend ist vor allem die Qualität des Öls. Durch die noch dünne Haut des Babys dringt es bei der Massage nämlich rasch und tief ins Gewebe ein. Es ist deshalb ratsam, besonders in den ersten Monaten nur mit kaltgepressten Basisölen in Bioqualität zu massieren. Verzichten Sie auch auf den Zusatz ätherischer Öle oder anderer Duftstoffe. Der eigene Geruch und der Duft der Mutter sind fürs Baby wesentliche Kommunikationsmittel und sollten nicht durch andere Düfte überlagert werden.

Eine wunderbare Alternative zum Öl aus der Flasche ist eine Babymassage-Wachs-Öl-Kerze: In einem doppelwandigen Alubecher befindet sich eine hochwertige Wachs-Öl-Mischung, die durch das Abbrennen eines Dochtes schmilzt. Die benötigte Menge der wohlig temperierten, flüssigen Mischung wird aus der Tülle des Bechers in die Hand gegeben und kann sofort auf die Babyhaut aufgetragen werden (Bezugsquelle siehe Seite 157). Sogar bei Neurodermitis kann eine Babymassage mit speziellen fetten Ölen wie Nachtkerzen- oder Hanföl Ihrem Kind Linderung bringen und den quälenden und belastenden Juckreiz beruhigen.

Wie lange darf die Babymassage dauern?

Die Massage dauert so lang, wie Ihr Kind sie zulässt und sich wohl dabei fühlt. Das kann je nach Tagesform Ihres Kindes sehr verschieden sein. Manchmal ist es nach einigen Minuten zufrieden, ein anderes Mal möchte es die Streicheleinheiten ausgiebiger genießen. Als Anhaltspunkt gilt: Bei Neugeborenen sollte die Massage höchstens 5 Minuten dauern, bei älteren Kindern bis zu 25 Minuten.

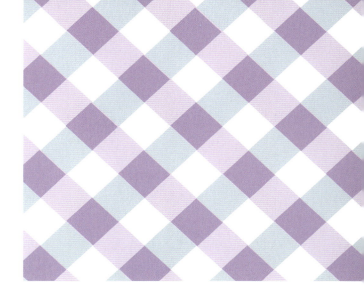

Das bieten Babymassagekurse

Im Babymassagekurs lernen Sie bei einer zertifizierten Kursleiterin die Anwendung der verschiedenen Grifftechniken und -qualitäten. Sie erfahren Wissenswertes über den Rhythmus und das Tempo der Massagen und welche Massagearten für welches Lebensalter sinnvoll sind. Nicht zuletzt treffen Sie in einem solchen Kurs andere Mütter mit gleichaltrigen Babys und können sich in netter Atmosphäre austauschen.

Hebammen, Kinderkrankenschwestern, Physiotherapeuten sowie die meisten Familienbildungsstätten und Volkshochschulen haben Babymassagekurse im Programm. Adressen zertifizierter Kursleiterinnen und von Hebammen, die Babymassagekurse anbieten, finden Sie auch im Internet (siehe Seite 157).

HÜLLE UND SCHUTZ – BABYS KLEIDUNG

Babys Kleidung ist wie seine zweite Haut. Deshalb ist es ganz wichtig, beim Kauf auf schadstofffreie Materialien zu achten und neue Sachen vor dem Gebrauch am besten gleich zweimal zu waschen. Dann können Sie sicher sein, dass chemische Ausrüstungen wie Imprägnierungen und Ähnliches nicht mit der Babyhaut in Berührung kommen.

Bis zur Geburt hatte Ihr Kind exakt die Umgebung, die es zu einer gesunden Entwicklung benötigte: gleichbleibende Wärme, eine sichere Begrenzung und ausreichend Bewegungsraum für erste Tasterlebnisse. Jetzt benötigt es Unterstützung, um sich in seiner neuen Umgebung ebenso wohlzufühlen wie in Ihrem Bauch.

Erste Wahl unter den Materialien für Babybekleidung sind Naturfasern, die Babys Haut atmen lassen. Je nach Jahreszeit und Wärmebedürfnis des Kindes gibt es Kleidung aus Baumwolle, Wolle oder Seide, in Reinform oder als Mischgewebe. Jedes Material hat seine Vorzüge: Baumwolle ist pflegeleicht und robust. Wolle speichert Wärme ausgezeichnet und fühlt sich nicht so schnell feucht an. Seide wirkt temperaturausgleichend und ist insbesondere für sensible Haut hervorragend geeignet. Und wenn Sie nicht nur Babys Haut, sondern auch der Umwelt etwas Gutes tun wollen: Bei Textilien aus kontrolliert biologischem Anbau (»kbA«) beziehungsweise kontrolliert biologischer Tierhaltung (»kbT«) kommen keine gesundheitsschädlichen Chemikalien zum Einsatz und die Tierhaltung ist artgerecht.

Erstausstattungsliste

Für die ersten Lebenswochen benötigt Ihr Kind:
- sechs Wickelbodys aus Baumwolle,
- sechs Strampler oder Strampelanzüge mit Füßen, die am besten im Schritt aufknöpfbar sein sollten,
- sechs Langarmhemdchen aus Wolle oder Baumwolle,
- zwei Jäckchen oder leichte Pullis,
- zwei dünne Mützchen aus Wolle, Baumwolle oder Seide,
- zwei Paar Söckchen und ein Paar Woll- oder Lederschühchen zum Warmhalten,
- eine Jacke für draußen,
- einen Schlafsack (je nach Jahreszeit wärmer oder leichter),
- eine kleine Decke, um das Baby einzuwickeln oder zuzudecken,
- je nach Saison ein Paar Fausthandschuhe, einen Schal, einen Winteroverall, einen Sonnenhut.

Sparsam bei den Anfangsgrößen

Kaufen Sie anfänglich nur wenige Kleidungsstücke in den ersten Größen – bestimmt bekommen Sie noch einige Strampler und anderes geschenkt. Die Babykonfektionsgröße richtet sich nach der Körperlänge Ihres Kindes. Die meisten Babykollektionen beginnen mit der Größe 50. Es folgen 56, 62, 68 und so weiter. Einem Baby, das 60 Zentimeter lang ist, passt am ehesten ein Strampler in Größe 62. Allerdings wird es schon sehr bald herausgewachsen sein. Wählen Sie das Kleidungsstück lieber etwas größer. Auch fallen bereits die Größen der Babykleidung je nach Hersteller unterschiedlich aus. So kann es sein, dass Ihr 60 Zentimeter langes Baby noch in einen Strampler der Größe 56 passt, während ihm der Lieblingspulli in Größe 62 plötzlich zu eng ist.

Bequemlichkeit ist Trumpf

Die meisten Babys mögen es überhaupt nicht, wenn man ihnen etwas über den Kopf zieht oder wenn sie beim An- oder Ausziehen sogar kurzfristig »stecken bleiben«. Praktisch sind deshalb Wickelbodys und Strampler, die im Windelbereich geknöpft werden können. Knöpfe an Oberteilen sollten nicht auf dem Rücken angebracht sein, sondern besser auf der Schulter, weil sie dort nicht drücken. Modische Babyjeans sind völlig überflüssig und für Ihr Kind hinderlich beim Strampeln.

Sensitiv-Waschmittel

Waschmittel enthalten zwar waschaktive Substanzen (Tenside), in den meisten Fällen außerdem Duftstoffe, Bleichmittel, Enzyme und Konservierungsstoffe, die eine empfindliche Haut reizen können. Doch eine echte Allergie auf Waschmittel ist eher selten. Sie können also zunächst einmal das gleiche Waschmittel wie bisher verwenden. Wenn Ihr Kind allerdings sehr empfindliche Haut hat, steigen Sie besser auf ein unparfümiertes »Sensitiv«-Waschmittel um. Weichspüler ist zum Waschen von Babykleidung nicht empfehlenswert, da die enthaltenen Duftstoffe sich sehr lange und intensiv in der Kleidung halten. Die Wäsche wird auch ohne Weichspüler weich, wenn Sie dem letzten Spülgang eine Tasse Obstessig zusetzen. Das spült zudem die letzten Reste Waschpulver heraus.

fläche im Vergleich zur Oberfläche des restlichen Körpers sehr groß ist. Ein Mützchen aus einem leichten Wolle-Seide-Gemisch verhindert dies – auch in geschlossenen Räumen. Zum Schlafen allerdings, so lauten die derzeitigen Empfehlungen, sollte das Mützchen abgenommen werden, damit die Körpertemperatur im Falle einer Überwärmung über das Köpfchen reguliert werden kann. Manchen Kindern ist eine Kopfbedeckung aber unangenehm. Dann können Sie in der Wohnung darauf verzichten. Im Freien sollten jedoch auch Mützenverweigerer immer gut »behütet« sein: Die Mütze schützt gegen Wind und Kälte oder gegen zu viel Sonne. Wenn es kalt beziehungsweise windig ist, sollten Babys unbedingt eine Mütze tragen, mit der auch die Ohren bedeckt werden können.

Es ist Sommer, Baby

Im Sommer sollte Ihr Baby so gekleidet sein, dass es weder friert noch schwitzt, keine Zugluft und nicht zu viel UV-Strahlung abbekommt. In der Regel sind Sommerbabys folgendermaßen passend gekleidet: Als erste Lage ziehen Sie Ihrem Kind einen kurzärmeligen Baumwollbody an und darüber eine leichte, locker sitzende Hose oder einen Baumwollstrampler sowie ein Hemdchen. Lange Ärmel und lange Hosenbeinchen schützen die empfindliche Babyhaut vor Sonne. Wählen Sie leichte Stoffe wie dünne Baumwolle oder Seide. Beobachten Sie, wie sich Ihr Baby am wohlsten fühlt, und prüfen Sie immer wieder in seinem Nacken die Körpertemperatur Ihres Kindes. Auch im Sommer braucht Ihr Baby übrigens immer ein (leichtes) Mützchen.

Kleidungstipps für die kalte Jahreszeit

Babys und Kleinkinder reagieren extrem empfindlich auf Kälte, da ihre körpereigene Wärmeregulierung noch nicht beziehungsweise unzureichend funktioniert. Zudem ist ihre Haut noch nicht durch eine ausreichend dicke Fettschicht vor winterlichen Temperaturen geschützt. Vor allem der Kopf eines Neugeborenen, dessen Oberfläche im Verhältnis zu der des Körpers sehr groß und nur von einem feinen Haarflaum bedeckt ist, reagiert sehr empfindlich auf Kälte. Auch Ohren und Hände kühlen schnell aus. Sorgen Sie deshalb dafür, dass diese Körperpartien immer entsprechend gut bedeckt sind. Ein wollenes Mützchen und warme Handschuhe zählen zu den wichtigsten Bestandteilen von Babys Wintergarderobe. Eine Jacke oder ein Overall aus Schurwoll-Fleece über der Unterkleidung hält Ihr Kleines auch bei kalten Temperaturen mollig warm.

Gut »behütet«

Neugeborene verlieren über den Kopf sehr viel Wärme, weil dessen ungeschützte Ober-

Achten Sie darauf, dass Ihr Kleines immer der Jahreszeit entsprechend gekleidet ist.

157
Anziehen nach dem Zwiebelschalenprinzip

Besonders im Winter, wenn die Differenz zwischen Außen- und Raumtemperatur groß ist, empfiehlt sich die Anwendung dieses bewährten Prinzips. Das bedeutet, das Kind in möglichst vielen Schichten einzukleiden, sodass das Junior-Outfit den Temperaturen am aktuellen Aufenthaltsort mit wenigen Handgriffen rasch angepasst werden kann. Dazu sollte die letzte Kleiderschicht stets auch die wärmste sein. Praktisch sind Einzelteile, wie kleine Strickjäckchen, Hosen und Pullover, die Sie je nach Temperatur leicht an- und ausziehen können.

158
Erhöhte Sorgfalt bei Neurodermitis-Kindern

Wenn Ihr Baby unter Neurodermitis leidet, sollten Sie bei der Auswahl seiner Kleidung auf die folgenden Punkte ganz besonders achten:

- ♥ Die Kleidung sollte vor allem weich und angenehm zu tragen sein. Die Nähte dürfen nicht scheuern, Etiketten bitte entfernen.
- ♥ Kaufen Sie vorwiegend helle Kleidungsstücke; sie sind weniger stark mit Farbstoffen und mit Chemikalien gegen ein Verblassen von Farben behandelt.
- ♥ Achten Sie darauf, dass vorhandene Druckknöpfe möglichst nickelfrei und mit zusätzlicher Leiste aus Baumwolle unterlegt sind.
- ♥ Der Schnitt der Kleidungsstücke sollte eine gute Luftzirkulation zulassen, damit keine Stauwärme entsteht und die Haut durch Schwitzen nicht zusätzlich gereizt wird. Die Kleidung sollte also nicht zu eng sein und keine zu festen Bündchen haben.
- ♥ Sensible Kinder vertragen direkt auf der Haut meist keine tierischen Fasern, wie zum Beispiel Schurwolle. Zudem reagieren sie extrem empfindlich auf Chemierückstände. Deshalb bietet sich Kleidung aus reiner Bio-Baumwolle an: Vom Anbau bis zur späteren Verarbeitung der pflanzlichen Faser zum fertigen Kleidungsstück kommen keine Schadstoffe zum Einsatz. Allergische Reaktionen auf Rückstände in der Kleidung sind somit von vornherein ausgeschlossen. Das naturbelassene Baumwollmaterial ist gleichzeitig atmungsaktiv und sehr weich. Das garantiert ein gesundes Hautklima und unangenehme Kratzgefühle werden damit vermieden.
- ♥ In jüngster Zeit bieten einige Hersteller zu diesem Zweck auch Kleidung aus silberummantelter Mikrofaser an, die jedoch noch sehr teuer ist.
- ♥ Unterwäsche, die unmittelbar mit der Haut in Kontakt kommt, sollte bei Allergikerkindern ungefärbt sein.
- ♥ Hautreaktionen können auch durch Waschmittelrückstände ausgelöst werden. Optische Aufheller und Duftstoffe sind die häufigste Ursache für allergische Reaktionen. Die Verwendung biologischer Waschmittel und der konsequente Verzicht auf Weichspüler beugen diesem Risiko wirksam vor.

BABYS KLEINES KÖNIGREICH

Schon in wenigen Monaten wird aus Ihrem Baby erst ein knuffiger Krabbelkäfer und dann ein quirliges Kleinkind, das die Welt entdecken möchte. Achten Sie von Anfang an darauf, dass alle Utensilien im Babyzimmer kleinkindgerecht, sicher und möglichst langlebig sind. Dann können Sie eine Menge Geld sparen.

Auch wenn Sie mit der Ausstattung des Kinderzimmers bereits eifrig beschäftigt waren oder es noch immer sind: Eigentlich benötigt Ihr Baby in seinem ersten Lebensjahr noch keinen eigenen Raum. Schnell werden Sie feststellen, dass das Kinderzimmer weniger ein Aufenthalts- und Spielort für den Nachwuchs ist als ein »Lager« für seine Utensilien. Denn Ihr Baby ist am liebsten immer in Ihrer Nähe. So ist es auch nicht weiter schlimm, wenn Sie vorerst noch gar kein Kinderzimmer haben: Machen Sie einfach in Ihrem Schrank ein Plätzchen für Babys Kleidung frei.

Befestigen Sie, wenn Sie keinen Platz für eine Wickelkommode haben, einen Wickelaufsatz über der Badewanne. Und Babys Bett kommt in Ihr Schlafzimmer.

MÖBEL: QUALITÄT LOHNT SICH

Empfehlenswert sind Möbel aus Massivholz, die mit natürlichen Ölen oder Wachsen behandelt wurden. Furnierte Möbel aus Span- oder Tischlerplatten sind verleimt und die meisten Kleber dünsten Formaldehyd oder andere Atemgifte aus. Massive Möbel sind in der Anschaffung natürlich zunächst teurer.

Doch sie sind langlebiger und robuster. Und wenn auch noch Geschwister geplant sind, lohnt sich der Kauf allemal. Vielfach werden auch gebrauchte Babymöbel angeboten. Praktisch sind Möbel, die »mitwachsen«. So gibt es zum Beispiel Wickelkommoden, die ohne Wickelaufsatz als normale Kommode zum Aufbewahrungsort für Spielzeug werden. Auch Babybettchen lassen sich meist in wenigen Handgriffen zum Kinderbett ohne Gitter umbauen und begleiten Ihr Kind damit bis ins Schulalter. Lassen Sie neue Möbel (und auch den Kinderwagen) vor dem Gebrauch immer erst einmal einige Tage auslüften.

Das Kinderbettchen – vor allem sicher muss es sein!

Im Vergleich zum übrigen Körper ist der Kopf von Babys und Kleinkindern noch überproportional groß und schwer. Deswegen stürzen die Kleinen auch so leicht mit dem Kopf voran aus dem Bett. Um Stürzen vorzubeugen, sollte Ihr Kleines rechtzeitig ins Gitterbettchen umziehen. Doch die Auswahl an Kinderbett-Modellen ist gigantisch! Für welches Modell Sie sich also entscheiden, ist vor allem eine Frage des Geschmacks und des Preises. Das »GS-Zeichen« für geprüfte Sicherheit und das goldene »M« für Langlebigkeit, Strapazierfähigkeit und Gesundheitsverträglichkeit geben eine erste Orientierung.

Achten Sie besonders auf die Sicherheit des Bettchens, das heißt auf Qualität und Verarbeitung: Scharfe Kanten oder überstehende spitze Teile sollten sich nicht finden lassen. Die Gitterstäbe dürfen maximal einen Abstand von sechs Zentimetern haben, damit Ihr Kind weder stecken bleiben noch hindurchrutschen kann. Anstrich oder Lasur müssen speichelfest sein. Ein guter, stabiler Lattenrost bildet die Basis für gesunden Kinderschlaf. Bei einem höhenverstellbaren Bettchen sollten in der höchsten Stufe zwischen Matratze und Oberkante des Gitters noch mindestens 30 Zentimeter Abstand sein. Ideal ist es, wenn es in der niedrigsten Position noch mindestens 60 Zentimeter sind. Dann lässt sich das Bettchen auch noch nutzen, wenn Ihr Nachwuchs vor lauter Entdeckerfreude alle Grenzen überwinden möchte.

Schadstofffreie Matratze

Ebenso wichtig: die Matratze. Sie sollte schadstofffrei und bei allergiegefährdeten Babys ohne Wolle oder Rosshaar sein, unverschiebbar im Rahmen liegen und eher fest sein, damit Ihr Kind nicht tiefer als etwa zwei Zentimeter einsinkt.

Schön: ganz nahe bei Mama liegen

Praktisch, aber teuer sind »Babybalkone«, die ans elterliche Bett angedockt werden. Die Alternative: ein höhenverstellbares Bettchen, an dem Sie eine Längsseite abmontieren und es so zum Babybalkon umfunktionieren können.

Eine zusätzliche Wärmequelle

Babys brauchen beim Wickeln, Waschen, Baden und so weiter grundsätzlich eine konstante Umgebungstemperatur von 22 bis 24 °C. In den ersten Lebensmonaten können sie ihre Körpertemperatur noch nicht selbst regulieren und kühlen sehr schnell aus. Ein Heizstrahler schützt davor – auch Frühjahrs- oder Sommerkinder. Bringen Sie das Gerät so an, dass das Kind es nicht berühren oder am Kabel herunterziehen kann. Es lohnt sich, auf Qualität und geprüfte Sicherheit zu achten. Sinnvoll sind Splitter- und Spritzwasserschutz. Nicht nötig, aber praktisch: eine Abschaltautomatik.

Babys Aufenthaltsort für den Tag

Im Stubenwagen halten sich Neugeborene tagsüber auf, manche Eltern nutzen das Gefährt auch als Bettchen für die Nacht, solange ihr Baby noch sehr klein ist. Praktisch ist ein Stubenwagen mit Rollen, der von einem Zimmer ins andere geschoben werden kann. Im Stubenwagen kann Ihr Baby so lange schlafen, bis es sich aufzusetzen und hochzuziehen beginnt. In der Wiege liegt es nur so lange sicher, bis es sich von allein zu drehen beginnt. Ob Sie sich aber für einen Stubenwagen, eine klassische Wiege oder eine Baby-Hängematte entscheiden, spielt keine Rolle.

Eine gute Option: secondhand einkaufen

Es spricht nichts dagegen, Babyausstattung gebraucht zu kaufen: Wer Kleidung, Kinderwagen & Co aus zweiter Hand kauft, schont damit nicht nur den Geldbeutel, sondern auch die Umwelt. Auch Babys Gesundheit profitiert: In gebrauchter Babykleidung finden sich weniger Chemikalienrückstände. Auch nicht mehr fabrikneue Möbel oder Kinderwagen sind längst »ausgedünstet«. Babyflohmärkte sind eine tolle Fundgrube für Babysachen aller Art. Sie finden meist im Frühjahr oder Herbst statt – halten Sie Augen und Ohren offen. Auch in Kleinanzeigen und im Internet bieten Eltern häufig neuwertige Kindersachen an. Fragen Sie auch mal bei Nachbarn oder Freunden nach, die bereits ältere Kinder haben.

Sonderfall Autositze

Für Secondhand-Ausstattung gibt es allerdings eine Ausnahme: Einen gebrauchten Autositz sollten Sie nur verwenden, wenn Sie sichergehen können, dass er unfallfrei ist und den neuesten Sicherheitsrichtlinien entspricht.

Qualitätscheck für die Wickelauflage

Wickelauflagen werden oft aus Plastik hergestellt – das ist praktisch, weil sie dann leicht abwaschbar sind. Doch die Plastikauflagen sind häufig schadstoffbelastet. Liegt das Kind nackt auf der Wickelauflage, können Schadstoffe über die empfindliche Haut schnell in den Körper gelangen. Kaufen Sie eine geprüfte Unterlage, die vor allem frei von PVC ist. PVC (Polyvinylchlorid) enthält zinnorganische Verbindungen und gesundheitsschädliche Weichmacher, die zu Allergien führen können. Deshalb: Beim Kauf auf die Kennzeichnung PP (Polypropylen) oder PE (Polyethylen) achten, denn diese Kunststoffe sind in der Regel frei von Weichmachern. Legen Sie immer zusätzlich ein Handtuch auf die Wickelauflage – das finden Babys viel kuscheliger als das kühle Plastik. Außerdem kommt die zarte Babyhaut dann nicht in direkten Kontakt mit eventuell vorhandenen problematischen Stoffen.

 164

Achtung: immer beim Wickeltisch bleiben!

Lassen Sie Ihr Kind bitte niemals unbeaufsichtigt auf dem Wickeltisch liegen – und sei es auch nur für wenige Sekunden! Sobald die Kleinen mobiler werden und sich zu drehen beginnen, ist die Gefahr groß, dass sie vom Wickeltisch fallen und sich ernsthaft verletzen.

 165

Krabbeldecke bevorzugt

Legen Sie Ihr Kleines tagsüber lieber auf eine Krabbeldecke, anstatt es in eine Babywippe zu setzen. In einer Wippe nimmt Ihr Kind eine unnatürliche Haltung ein, die ihm keine Bewegungsfreiheit bietet und seine Wirbelsäule staucht. Wenn Sie bereits eine Wippe haben, können Sie sie zwar gelegentlich und nur kurzzeitig nutzen. Sie sollte aber nicht zum Daueraufenthaltsort werden.

Wichtige Krabbelphase

Das Krabbeln (siehe Nr. 182) ist sehr wichtig für die Ausbildung der kindlichen Motorik. Ihr Kind lernt dabei spielerisch seine Arme und Beine entgegengesetzt zu bewegen. Das trainiert vor allem das Zusammenspiel von rechter und linker Gehirnhälfte – eine wichtige Grundlage beim baldigen Sprechenlernen.

nen. Singen Sie Ihrem Liebling lieber etwas vor, anstatt die Spieluhr in Gang zu setzen. Verwöhnen Sie Ihr Baby mit so viel Körperkontakt wie möglich. Wiegen Sie es in den Schlaf, tragen Sie es oft am Körper und pflegen Sie es regelmäßig mit einer Babymassage. Und: Lassen Sie es seine Entwicklungsschritte in seinem eigenen Tempo machen.

Auf sinnvolles Spielzeug Wert legen

Ein Kind ist noch offen für alle Eindrücke aus seiner Umgebung. Die Qualität der Sinnesreize beeinflusst seine Entwicklung. Wählen Sie einfaches Spielzeug aus natürlichen Materialien, das die Sinne Ihres Babys nicht überfordert, sondern Wahrnehmung und Kreativität behutsam anregt. Lassen Sie Ihr Kind möglichst viele unterschiedliche Materialien »untersuchen«, so schult es seine Wahrnehmung: Ist ein Gegenstand hart oder weich? Flauschig oder glatt? Warm oder kühl? Das macht nicht nur Spaß, sondern unterstützt die Entwicklung auf spielerische Weise. So begreift Ihr Kind spielend das Leben.

166

Das Passende für kleine Krabbelkäfer

Die Krabbeldecke sollte mindestens eine Größe von 95 mal 130 Zentimetern haben. Besser noch sind Maße von 100 mal 140 Zentimetern oder größer, damit Ihr kleiner Krabbelkäfer ausreichend Platz hat.

Beim Kauf gibt es allerdings nicht nur immense Preis-, sondern auch große Qualitätsunterschiede. Dabei heißt »teuer« jedoch nicht immer auch qualitativ hochwertig. Die Außenbezüge der robusten Babydecken bestehen meistens zu großen Teilen aus Baumwolle und werden heutzutage fast alle nach dem ÖkoTex-Standard geprüft, die Füllstoffe sind fast immer aus Polyester. Achten Sie beim Kauf einer Krabbeldecke auf jeden Fall darauf, dass Sie die Decke in der Maschine waschen können und sie auch für den Trockner geeignet ist.

167

Braucht ein Baby Spielzeug?

In den ersten Wochen und Monaten benötigen Babys noch kein Spielzeug. Sie würden dadurch mit zu vielen Reizen überflutet, gegen die sie sich noch nicht abschirmen kön-

Empfehlenswerte erste Spielsachen
- Holzrassel
- Schmusepüppchen aus Stoff
- Filzball
- Greifling aus Holz oder Stoff
- Fühltuch
- Mobile

 169

Achten Sie auch auf Sicherheit

Babyspielzeug soll natürlich nicht nur sinnvoll, sondern auch sicher sein. Spielsachen mit scharfen Kanten, spitzen Ecken oder verschluckbaren Kleinteilen gehören auf keinen Fall in Babyhände.

Unabhängige Fachleute überprüfen Kinder- und Babyspielzeug auf Sicherheit, Eignung, Schadstofffreiheit und mehr. Unter www.spielgut.de finden Sie detaillierte Infos dazu.

 170

Ihre Stimme – wertvoller als jede Spieluhr

Statt Spieluhr: Singen Sie Ihrem Baby lieber etwas vor! Frischen Sie Ihre Sangeskünste mit einem Liederbuch mit CD auf. Auch wenn Sie nicht jeden Ton treffen: Ihr Baby findet Sie garantiert besser als Caruso! Erzählen Sie Ihrem Kind, was Sie gerade tun oder sehen, Hauptsache, es hört häufig den Klang Ihrer Stimme. Wiederholen Sie Lieder, Sprüche und Reime möglichst oft. Babys brauchen solche Wiederholungen, um sich Dinge einprägen und einen Ablauf dahinter entdecken zu können. Dann wird Ihr Kind bald versuchen, das Gehörte und Erlebte nachzuahmen. Wenn Sie Ihrem Kind etwas vorsprechen, formen Sie Ihre Laute deutlich, sprechen Sie langsam und melodiös.

171

Einen Rhythmus finden

Nur in einem Umfeld, in dem sich ein Kind geborgen, geschützt und sicher fühlt, kann es die Welt um sich herum vergessen und Ruhe zum Spielen finden. Ein strukturierter Tagesablauf erleichtert es ihm, sich mit allen Sinnen auf das einzulassen, was gerade an der Reihe ist. Planen Sie feste Ruhe-, Schlaf-, Spiel- und Essenszeiten deshalb von Anfang an mit ein.

SO ENTWICKELT SICH IHR BABY

♥ *Die körperliche Entwicklung* **88**
🎻 *Babys seelische und geistige Entwicklung* **96**
✿ *Schlaf, Baby, schlaf!* **102**
🦋 *»Bitte nicht weinen, Baby!« – Schreibabys* **110**

DIE KÖRPERLICHE ENTWICKLUNG

Die Entwicklung eines Babys wird durch viele Faktoren beeinflusst: ererbte Anlagen, Umwelt, Temperament, tägliche Erfahrungen und vieles mehr. Lassen Sie sich nicht von standardisierten Entwicklungskalendern verunsichern und gehen Sie mit Ihrem Kind seine individuellen Schritte im eigenen Tempo.

Ein Neugeborenes sieht und hört bereits erstaunlich gut, was um es herum passiert! Am besten kann der Neuankömmling all das sehen, was sich in einer Entfernung von zirka 20 bis 30 Zentimetern von seinem Gesicht befindet. Das hat auch einen guten Grund: Es entspricht genau dem Abstand zwischen Mamas Gesicht und Babys Köpfchen beim Stillen. Übrigens halten Erwachsene ein Kind oft intuitiv in genau diesem Abstand zu ihrem Gesicht. Die Annahme, Neugeborene könnten lediglich Abstufungen von Schwarz und Weiß erkennen, wurde inzwischen widerlegt. Kurz nach der Geburt sehen Babys ihre Umgebung zwar noch unscharf, sie können jedoch schon Farben, Formen und Muster erkennen. Am liebsten blicken sie übrigens in freundliche Gesichter!

MIT ALLEN SINNEN AUF EMPFANG

Auch das Gehör des Kindes hat sich im Mutterleib schon weit entwickelt. Insbesondere höhere Stimmlagen (die Erwachsene meist intuitiv für die Kommunikation mit einem Baby benutzen) kann das Kind sehr gut hören und es kann die Stimmen seiner Bezugspersonen erkennen. Unmittelbar nach der Geburt kann es bereits die Stimme seiner Mutter von anderen Stimmen unterscheiden. Wussten Sie, dass Dunkelrot die Lieblingsfarbe aller Babys ist? Kein Wunder, denn im Mutterleib schimmerte das Licht in Rotviolett-Tönen durch Mamas Bauchdecke. Viele Eltern wählen als Farbe für den Betthimmel daher das vertraute Rotviolett, das dem Baby viel Geborgenheit vermittelt.

WACHSTUMSSCHÜBE

Babys, die »termingerecht« geboren wurden, haben fast alle zur gleichen Zeit gewisse Wachstumsschübe: Ein solcher Wachstumsschub kündigt sich an, wenn Ihr Kind plötzlich mehr quengelt, länger wach oder öfter hungrig ist und vermehrt Körperkontakt sucht. Die Kleinen wachsen jetzt nicht nur, sie machen auch motorische Fortschritte (Krabbeln, Laufenlernen …) und entwickeln ihre geistigen Fähigkeiten. Nach dem Schub wirken sie ausgeglichener und schlafen wieder mehr.

Wann ist damit zu rechnen?

Die wichtigsten Wachstumsschübe im ersten Lebenshalbjahr:
- Der erste findet um die 8. Lebenswoche statt. Die Abstände zwischen den Mahlzeiten werden jetzt kürzer, Ihr Kind ist mit der angebotenen Trinkmenge nicht mehr zufrieden und verlangt nach mehr.
- In der 12. bis 13. Woche erwacht Ihr kleiner Siebenschläfer endlich aus seinen Babyträumen: Jetzt braucht Ihr Baby mehr Beschäftigung und will stets wissen, was Sie tun, wenn Sie mal nicht in der Nähe sind.
- Ab der 17. bis 18. Woche wird Ihr Nachwuchs zusehends neugieriger auf seine Umwelt. Ihr Kind stopft zum Beispiel alles in den Mund, was es erhaschen kann.
- Mit Beginn des sechsten Monats nehmen Kinder bereits regen Anteil am Geschehen um sie herum. Sie zeigen Freude, Ärger und Neugierde – vor allem Mamas Essen wird nun immer interessanter!

JEDER ENTWICKLUNGSPROZESS VERLÄUFT INDIVIDUELL

Ganz wichtig ist es für Eltern zu wissen: Auch wenn es bestimmte Entwicklungsstufen gibt, die jedes gesunde Baby in einem gewissen Zeitraum vollzieht, ist es individuell doch sehr unterschiedlich, wann und in welcher Ausprägung es seine Fähigkeiten entfaltet. Angaben, wann ein Kind was können sollte, sind lediglich grobe Anhaltspunkte. Kaum ein Kind entwickelt sich nach Plan, sondern jedes hat seine eigenen Vorlieben – manche sprechen früh und sind dafür Bewegungsmuffel, andere essen nicht gern, sind aber Weltmeister im kreativen Spiel.

Bleiben Sie gelassen

Ganz gleich ob in der Krabbelgruppe, beim PEKiP (siehe Nr. 188) oder im Bekanntenkreis – überall gibt es Babys, die sich angeblich schon mit vier Wochen um sich selbst drehen, mit einem halben Jahr »Mama« sagen können und mit acht Monaten zu laufen beginnen. Lassen Sie sich nicht verrückt machen und schalten Sie auf Durchzug! Kontern Sie ruhig einmal mit einem humorvollen Kommentar, etwa mit diesem: »Unsere Tochter spricht vier Sprachen fließend – wir verstehen sie leider nur nicht …«

174
Wachstumskurve berechnen

Auf der Website der Weltgesundheitsorganisation können Sie sich kostenlos das interaktive Programm »WHO anthro« herunterladen (nur in Englisch), das anhand von Gewicht und Größe die persönliche Wachstumskurve Ihres Kindes errechnet: www.who.int/childgrowth/software

175
Welterkundung mit dem Mund

Neben seiner Haut ist der Mund Babys wichtigstes Sinnesorgan. Indem es am liebsten alles und jedes in den Mund nimmt, daran lutscht und es ableckt, erfährt ein Baby seine Umwelt und lernt zu differenzieren: Fühlt sich ein Gegenstand kalt oder warm, glatt oder rau, weich oder hart an? Mit keinem anderen Organ kann Ihr Kind so differenziert tasten wie mit dem Mund. Ein gewisses Maß an Hygiene ist für eine gesunde Kindesentwicklung zwar unerlässlich, steril muss es aber nicht zugehen. Vielgeliebte Kuscheltiere sollten jeden Monat einmal in der Waschmaschine baden gehen. Auch das meiste andere Kinderspielzeug verträgt von Zeit zu Zeit eine Abreibung. Doch spätestens wenn das Krabbelalter beginnt, werden höchstwahrscheinlich auch einmal Erde, Grashalme oder sogar Regenwürmer in den Kindermund wandern. Machen Sie sich darüber keine Sorgen: Zwischenzeitlich ist das Immunsystem Ihres Krabbelkäferchens so robust geworden, dass es dies unbeschadet übersteht.

Regel Nummer eins im Krabbelalter
Kleinteile jeder Art gehören in einem Haushalt mit Krabbelkind außer Reichweite. Das gilt auch für alles Essbare, das zu groß ist, um es gefahrlos in einem Happs herunterzuschlucken.

172
»Engelslächeln«

Auch wenn Fachleute unpoetisch vom »Grimassieren« sprechen: Ein seliges Lächeln haben Babys bereits in den ersten Wochen hin und wieder im Gesichtchen, meist während des Schlafes. Um die sechste Woche ist es dann so weit: Ihr Baby lächelt Sie zum ersten Mal gezielt an. Ein zauberhafter Moment, der alle Eltern glücklich macht.

173
Der Kinderarzt kontrolliert die Größen- und Gewichtsentwicklung

Bei den Vorsorgeuntersuchungen prüft der Kinderarzt Größe und Gewicht Ihres Babys und trägt die ermittelten Werte in die Wachstumskurve im gelben Vorsorgeheft ein. Falls Ihr Kind deutlich zu schwer oder sehr groß für sein Alter ist, sagt er Ihnen dies und beobachtet Ihr Kind weiterhin genau. Für Stillkinder gilt übrigens eine gesonderte Wachstumskurve. Mehr zum Körpergewicht finden Sie ab Seite 18.

Fehlstellungen im Bereich von Kopf und Hals erkennen

Wenn Sie feststellen, dass Ihr Baby in den ersten Wochen seinen Kopf bevorzugt nur zu einer Seite dreht und auch immer nur zum Beispiel nach links gedreht schläft, sollten Sie einen Kinderarzt aufsuchen. Vielleicht hat Ihr Kind einen sogenannten Schiefhals. Dieser entsteht durch eine Verkürzung des Muskels, der schräg über die Seitenfläche des Halses läuft. Diese Verkürzung führt zu einer Fehlhaltung und der Vorliebe für die jeweils andere Körperseite. Gründe dafür können ein Platzmangel in der Gebärmutter, eine schwere Geburt (auch Kaiserschnitt), in seltenen Fällen auch eine Nabelschnurumschlingung sein. Legen Sie Ihr Kind bewusst auf die nicht betroffene Seite und lassen Sie es krankengymnastisch behandeln. Bewährt haben sich in diesen Fällen auch osteopathische Behandlungen und Craniosacraltherapie (siehe Adressen Seite 157).

KISS-Syndrom

Unter einer »Kopfgelenk-induzierten Symmetrie-Störung« versteht man eine Fehlstellung im Bereich der oberen Halswirbelsäule. Wie beim Schiefhals entsteht sie durch Druck auf den Kopf des Babys bei der Geburt, häufig auch bei Kaiserschnitten, Mehrlingsgeburten, Zangen- oder Saugglockengeburten. Auch Kinder, die »übertragen« wurden, zeigen diese Fehlstellung häufiger. Betroffene Kinder weinen viel und halten ihren Kopf meist schief – auch im Schlaf, wodurch der noch weiche Schädel oft einseitig verformt. Häufig zeigen sie Auffälligkeiten beim Stillen, so verweigern sie zum Beispiel eine Brust, sind manchmal trinkschwach oder möchten ständig gestillt werden. Schluckbeschwerden, Spucken oder Erbrechen sind ebenfalls häufig. Im Nacken sind KISS-Kinder meist sehr berührungsempfindlich. Sie neigen dazu, sich zu überstrecken, Arme und Beine werden oft nicht symmetrisch bewegt. Wenn Sie diese Symptome bei Ihrem Kind beobachten, sprechen Sie mit Ihrer Hebamme und Ihrem Kinderarzt darüber, damit baldmöglichst eine Therapie erfolgen kann.

Unser Baby schielt – ist das normal?

Ein Neugeborenes muss die Koordination seiner Augenbewegungen erst üben. Schielen ist daher in den ersten vier Monaten kein Grund zur Besorgnis. Nach und nach lernt Ihr Baby, einen Punkt mit beiden Augen zugleich zu fixieren. Dann gibt sich das Schielen von allein. Sollten jedoch in Ihrer Familie Augenprobleme vorkommen, lassen Sie Ihr Kind im sechsten bis achten Lebensmonat von einem Kinder-Augenarzt untersuchen. Auch wenn es in den ersten Monaten ständig oder über das erste halbe Jahr hinaus noch häufig schielt, sollten Sie zum Spezialisten gehen.

Ganz Ohr – von Anfang an

Damit eine eventuelle angeborene Hörstörung optimal behandelt werden kann, sollten Sie in den ersten drei Tagen nach der Geburt Ihres Babys die Möglichkeit eines Hörscreenings an einer Klinik wahrnehmen. Ihr Nachwuchs wird es Ihnen ein Leben lang danken, denn ein Kind, dessen Gehör sich im ersten Lebensjahr nicht richtig entwickelt, ist in seiner körperlichen, seelischen und geistigen Reifung stark beeinträchtigt. Neugierde und Aktivität gehen verloren, das Kind gerät mehr und mehr in eine schädliche Isolation. Für den einfachen und schmerzlosen Test wird eine kleine Sonde in das Ohr Ihres Babys eingeführt, die leise Klicklaute erzeugt. Gesunde Ohren reagieren auf den akustischen Reiz mit kleinen Schwingungen, die von einem angeschlossenen Messgerät aufgezeichnet werden. Diese sinnvolle und wichtige Untersuchung zahlt sogar Ihre Krankenkasse.

Rücken- und Bauchlage tagsüber abwechseln

Ein Baby, das sich noch nicht selbst umdrehen kann, sollte nicht den ganzen Tag ausschließlich auf dem Rücken liegen. Sobald Ihr Kind sein Köpfchen selbstständig halten kann (ab drei bis vier Monaten), legen Sie es tagsüber bitte ruhig ab und an auf den Bauch. Das kräftigt seine Rückenmuskulatur. Zwar ist die Bauchlage nach heutigen Empfehlungen zum Schlafen weniger ideal; doch wenn Ihr Baby wach und aktiv ist, gibt die Bauchlage Ihrem Kind wichtige Impulse beim Drehen, Robben und Krabbeln. Später wird es sich aus dieser Position zum Sitzen, Stehen und Laufen hochziehen. Wenn Ihr Kind nicht gern auf dem Bauch liegt, stützen Sie seinen Oberkörper etwas ab, etwa auf einem zusammengerollten Handtuch oder einem Stillkissen. Wenn Sie sich vor Ihr Baby auf den Boden legen und ihm etwas vorsingen oder mit ihm spielen, findet es die ungeliebte Bauchlage schnell viel spannender!

Abenteuer Körperdrehung

Wie bei anderen Entwicklungsstufen ist auch beim Drehen vom Rücken auf den Bauch der Zeitpunkt von Kind zu Kind unterschiedlich. Die meisten Babys lernen das zwischen dem fünften und siebten Monat: In Rückenlage drehen sie Beinchen und Hüfte immer öfter zur Seite. Manchmal bleiben sie dann in der Seitenlage, besonders wenn seitlich etwas Interessantes liegt! Plötzlich geht es dann mit Schwung einmal rundherum und Ihr kleiner Wonneproppen landet auf dem Bauch. Übrigens: Spätestens bis zum zehnten Monat sollte die »Rolle rundherum« geschafft sein. Häufig »drehen« sich Babys schon früh von der Bauchlage auf den Rücken. Meist kippen sie dabei jedoch durch die Verlagerung des Körpergewichtes und die Schwerkraft einfach um – mit einer bewussten Drehung hat das noch nichts zu tun. Unterstützen Sie Ihr Baby beim Drehen, indem Sie es häufig nackt spielen lassen. Windel und Kleidung behindern nur den natürlichen Bewegungsdrang.

Mit etwa acht Monaten können die meisten Babys frei sitzen. So lange sollten die Eltern abwarten und ihr Kind nicht vorzeitig hinsetzen.

Das Hinsetzen hat Zeit

Warten Sie mit dem Hinsetzen des Babys bitte unbedingt ab, bis die Aktivität dazu von ihm selbst ausgeht. Solange ein Kind sich noch nicht aus eigener Muskelkraft hinsetzen und selbstständig frei sitzen kann, sollte es auch nicht »künstlich« in Sitzposition gebracht werden. Leider trainieren viele Eltern das Sitzen mit ihren Kindern geradezu. Die natürliche Entwicklung hat jedoch eine sinnvolle Reihenfolge: 1. Drehen, 2. Sitzen, 3. Krabbeln, 4. Stehen, 5. Laufen.

Viele Kinder, die frühzeitig hingesetzt wurden, krabbeln erst gar nicht und lernen manchmal nur unkoordiniert laufen. Viele Haltungsschäden im Kindesalter hängen ebenfalls mit einem zu frühen Aufsetzen zusammen. Sehr viel besser ist es also, wenn Ihr Kind möglichst häufig aus der Bauch- oder Seitenlage aktiv wird und dabei ganz automatisch die Muskelgruppen trainiert, die ihm später das Sitzen ermöglichen.

182
Krabbeln und Laufen – sinnvoll fördern

Bewegung ist der Motor für die kindliche Entwicklung. Krabbeln und Laufen zu können heißt für Ihr Kind, selbstständig und nach eigenem Willen unmittelbaren Kontakt zu den Menschen und Dingen in seiner Umgebung aufnehmen zu können. Wenn es sich bei seinen Entdeckungstouren so fortbewegen kann, wie es möchte, stärkt dies sein Selbstbewusstsein und sein Selbstvertrauen. Lassen Sie Ihr Baby eigenständig und auf natürlichem Wege seine individuellen Bewegungsmuster erlernen. Beim Krabbeln bewegt es jeweils gleichzeitig einen Arm und ein Bein auf der gegenüberliegenden Körperseite. So trainiert es bereits die wichtige Koordinationsfähigkeit beider Hirnhälften. Es gibt jedoch auch Kinder, die die Krabbelphase einfach überspringen. Andere wiederum krabbeln nur rückwärts. Kurzfristig ist dies zwar nicht bedenklich, doch Kinder, die überhaupt nie gekrabbelt sind, haben später häufig mit motorischen Schwierigkeiten zu kämpfen. Sollten Sie hier also Auffälligkeiten bei Ihrem Nachwuchs bemerken, sprechen Sie bitte mit Ihrem Kinderarzt darüber.

Darauf können Sie getrost verzichten!

Kinderärzte und Orthopäden raten dringend von sogenannten »Gehfrei«-Lauflernhilfen und Babyhopsern ab. Lauflernhilfen tragen ihren Namen völlig zu Unrecht, vielmehr behindern und verzögern sie den natürlichen Drang des Kindes, sich aufzurichten und eigenständig fortzubewegen. Wirbelsäule und Rücken werden in eine ungünstige, nicht altersgerechte Position gebracht. Zudem bergen Lauflernhilfen ein hohes Unfallrisiko. Auch von Baby- oder Türhopsern ist abzuraten, da sie ähnlich wie der »Gehfrei« die Wirbelsäule zu sehr belasten. Lassen Sie Ihr Baby im sicheren Griff auf Ihrem Schoß hopsen – beim gemeinsamen Spaß bekommt es auch noch wertvolle »Elternzeit«.

Die Krabbelphase ist ein wichtiger Schritt in Babys motorischer Entwicklung.

183

Entwicklung in sicherem Rahmen

Ihr Kind erobert sich mit zunehmender Mobilität einen immer größer werdenden Bewegungsradius. Damit sich seine Bewegungsfreiheit in einem sicheren Umfeld entfalten kann und es nicht zu Unfällen kommt, sollten Sie generell versuchen, der Entwicklung Ihres Kindes immer einen Schritt voraus zu sein: Auch wenn Sie mögliche Gefahrenquellen nicht völlig beseitigen können, lassen diese sich im Vorfeld doch meistens entschärfen.

Gefährliches wegräumen

Ihr Kind braucht allerdings auch eine klare und eindeutige Anleitung für sein Verhalten. Sie müssen also lernen, Ihr Kind altersgemäß richtig einzuschätzen und ihm Grenzen zu setzen. Das bedeutet: Sobald Ihr Baby greifen kann, wird es auch nach einer heißen Kaffeetasse »grapschen«, wenn diese in Reichweite steht. Krabbler haben einen gewissen Radius, in dem sie sich bewegen können. Sorgen Sie deshalb jetzt für eine ungefährliche »Fußboden-Etage«. Sobald Ihr Kind stehen kann, sind auch höher liegende Sachen interessant. Räumen Sie alles weg, was ihm schaden könnte, zum Beispiel alle Kleinteile, alles Zerbrechliche und Spitze – und ebenso die Dinge, die Sie vor der Entdeckerfreude Ihres Kindes bewahren möchten. Sichern Sie Schranktüren, Fenster, Steckdosen Treppen und Schubladen mit Kindersicherungen. Ihr Baby kann sich so nicht verletzen und Sie können gefährliche (und »gefährdete«) Gegenstände sicher verwahren. Achten Sie auch im Garten auf Gefahrenquellen wie Gartenteich, giftige Pflanzenteile oder herumliegende Werkzeuge.

Eine Schublade speziell fürs Baby

Für seine seelische und motorische Entwicklung ist es wichtig, dass Sie Ihrem kleinen Wirbelwind nicht alles verbieten. Erlauben Sie ihm, eines der unteren Regalfächer im Wohnzimmer ein- und auszuräumen – darin befinden sich aber nur ungefährliche Spielzeuge oder Bilderbücher. Räumen Sie in der Küche ungefährliche Plastikbehälter in eine untere Küchenschublade, dann kann Ihr Baby die Schublade auf- und zumachen und mit den Sachen darin spielen, ohne Schaden zu erleiden oder anzurichten.

Sobald Ihr Kind mobil ist, sollten Sie gefährliche Gegenstände im Haus vor ihm sichern. Reservieren Sie ihm eine Schublade, in der Sie es unbesorgt wühlen lassen können.

Die körperliche Entwicklung

Erste-Hilfe-Kurse für Eltern

In vielen Städten werden an Volkshochschule oder Familienbildungsstätten Kurse zur Vermeidung von Unfällen sowie spezielle Kinder-Erste-Hilfe-Kurse angeboten. Bei der Bundesarbeitsgemeinschaft »Mehr Sicherheit für Kinder e. V.« finden Sie Angebote in Ihrer Nähe: www.kindersicherheit.de

Zehn wichtige Regeln für mehr Kindersicherheit im Haushalt

1. Ein stabiler und breiter Wickeltisch mit einer entsprechenden Umrandung bietet mehr Fläche und reduziert das Risiko, dass Ihr Baby herunterfällt – ganz abgesehen davon, dass er auch praktischer ist.
2. Lassen Sie Ihr Kind nie allein auf dem Wickeltisch und auch nicht auf dem Sofa oder anderen erhöhten Flächen.
3. Heiße Flüssigkeiten und Gegenstände sollten außer Reichweite Ihres Kindes sein.
4. Stellen Sie eine Babywippe immer direkt auf den Boden.
5. Das Kinderbett sollte einen Gitterschutz haben. Die Matratzenhöhe muss der kindlichen Entwicklung angepasst werden: Sobald das Baby sitzen kann, muss die Matratze abgesenkt werden, damit das Kind sich nicht an den Querstäben hochziehen und über die »Reling« fallen kann.
6. Überprüfen Sie den Schnuller regelmäßig auf defekte Teile.
7. Kleine Spielsachen oder andere Gegenstände, die Ihr Kind verschlucken könnte, gehören nicht in seine Reichweite. Befestigen Sie auch kein Spielzeug an Kordeln über dem Bett oder am Kinderwagen.
8. Prüfen Sie vor dem Baden stets die Wassertemperatur mit Ihrem Handgelenk oder mit einem Badethermometer.
9. Lassen Sie Ihr Kind im Bad bitte niemals aus den Augen.
10. Steckdosen müssen mit dafür zugelassenen Kindersicherungen abgedeckt werden.

Tipps fürs Babyschwimmen

Wenn Ihr Baby Spaß beim Baden hat und sich gern im Wasser aufhält, können Sie einmal einen Kurs für Babyschwimmen ausprobieren. Dieses hat allerdings mit Schwimmenlernen nichts zu tun, sondern bietet die Möglichkeit zu freudiger Sinneserfahrung im Wasser. Erst ein Kind im Vorschulalter kann, je nach Entwicklungsstand, richtig schwimmen lernen. Für einen Säugling beziehungsweise ein Baby stehen die Gewöhnung an das nasse Element, die Freude an der Bewegung und der Kontakt zu Gleichaltrigen im Vordergrund. Wenn Sie einen solchen Kurs besuchen möchten, achten Sie auf folgende Punkte:

- Warten Sie mit dem Babyschwimmen auf jeden Fall, bis Ihr Kleines seinen Kopf dauerhaft heben und halten kann.
- Leider gibt es noch immer Babyschwimmkurse, in denen Babys tauchen sollen. Der wichtige Atemschutzreflex, auch Tauchreflex genannt, verliert sich aber im dritten bis sechsten Lebensmonat. Beim Bade- und vor allem Tauchvorgang kann ein Säugling dann im Ernstfall Wasser in die Lunge einatmen. Erkundigen Sie sich deshalb vor einer Anmeldung, wie im Kurs Ihrer Wahl mit dem Thema Tauchen umgegangen wird.
- Wichtig während des Kurses: Ihr Baby sollte auf keinen Fall frieren, eine Wassertemperatur von mindestens 32 °C und eine Badedauer von maximal 20 Minuten sind ideal. Wenn sich Haut oder Lippen bläulich verfärben, verlassen Sie sofort das Becken und wärmen Ihr Delfinchen mit einem kuscheligen Handtuch und einem Kapuzenbademantel auf.

BABYS SEELISCHE UND GEISTIGE ENTWICKLUNG

Jedes Baby ist ein kleiner Entdecker! Unterstützen Sie Ihren Liebling in seinem natürlichen Drang, die Umwelt zu erforschen, und regen Sie die Entwicklung spielerisch-zwanglos an. Kinder haben das angeborene Bedürfnis, neugierig ihre Fähigkeiten einzusetzen und weiterzuentwickeln.

Zur Förderung seiner Entwicklung braucht ein Baby kein ausgeklügeltes Lernprogramm. Regen Sie Ihren Sprössling lieber zwanglos und spielerisch an. Nehmen Sie Ihr Kleines ernst und beobachten Sie es genau, dann wissen Sie bald, was es in seiner jetzigen Entwicklungsstufe fördert: Wenn Sie bemerken, dass es sich nackt besser dreht, lassen Sie es möglichst häufig windel- und kleidungsfrei strampeln und spielen. Wenn es beginnt, Gegenstände mit dem Mund zu erkunden, ermöglichen Sie ihm ein Ausprobieren vieler Materialien. Diese Aufzählung ließe sich unendlich fortführen.

187

Auf einfache Weise die Entwicklung fördern

Zu viele Spielsachen und Anregungen können ein Kind überfordern. Bedenken Sie: Die Aufmerksamkeitsphasen eines Babys sind noch sehr kurz. Nach zehn Minuten gezielter Beschäftigung braucht es wieder eine Pause. Außerdem: Kein Kind benötigt permanente Ansprache oder gar Berieselung mit Anregungen und Reizen. Wenn ein Baby Ruhe braucht, zeigt es das meist sehr deutlich, indem es sich abwendet, weint, gähnt oder sich die Äuglein reibt.

Auf jedes Weinen reagieren

Weinen ist für ein Baby wichtig, um seine Bedürfnisse mitzuteilen: Es weint, weil es hungrig oder müde ist, seine Ruhe haben möchte, auf den Arm genommen werden oder in Ihrer Nähe sein will. Wenn Sie auf Babys Schreien prompt reagieren, signalisieren Sie ihm: Wir sind für dich da, nehmen deine Bedürfnisse ernst und kümmern uns um dich. Dies schenkt ihm Sicherheit und Urvertrauen. Es lernt, dass es sich auf Sie verlassen kann, und fühlt sich angenommen, geborgen und geliebt. Ein Baby, das auf sein Weinen keine Reaktion erfährt, wird verunsichert. Es resigniert irgendwann und bekommt das Gefühl, dass es keinen Sinn hat, seine Bedürfnisse auszudrücken – eine schlechte Voraussetzung für eine gesunde seelische Entwicklung.

Bleiben Sie in Babys Nähe

Nach einem anstrengenden Tag kann Ihr Kind aus dem Gleichgewicht geraten und dann mehr schreien als sonst. Damit baut es seine Anspannung ab. Sorgen Sie für eine ruhige Umgebung und lassen Sie es ruhig ein bisschen krähen, aber bleiben Sie in der Nähe.

Das bieten PEKiP-Kurse

PEKiP-Gruppen sind eine schöne Sache für Eltern und Baby. Es gibt Tipps für die Kommunikation zwischen Eltern und Kind; anhand von Beispielen wird erläutert, was ein Baby wahrnimmt und wie man einfachstes Spielzeug selbst erfinden kann. Im Kontakt mit Gleichaltrigen entwickeln die Kleinen erste soziale Fähigkeiten. PEKiP fördert zudem die Eltern-Kind-Beziehung und nicht zuletzt ermöglicht es den Erfahrungsaustausch mit Gleichgesinnten. Sie können damit ab der vierten bis sechsten Lebenswoche beginnen und bekommen Impulse für die Entwicklung im gesamten ersten Lebensjahr. PEKiP-Kurse werden angeboten in Familienbildungsstätten, Kinderkliniken oder Volkshochschulen. Eine Übersicht finden Sie auf der Website des PEKiP-Vereins: www.pekip.de (Adressen für Deutschland, Österreich und die Schweiz).

Muss man ein Baby schon erziehen?

Im ersten Lebenshalbjahr kann man ein Baby genauso wenig erziehen wie verwöhnen. Man kann lediglich seine Bedürfnisse erkennen und befriedigen. Schenken Sie Ihrem Kind liebevolle Aufmerksamkeit, Nähe, Körperkontakt, Zuwendung und Liebe. Und zwar so viel und so lange, wie es dies braucht. Im zweiten Lebenshalbjahr gilt es dann, die Bedürfnisse Ihres Kindes differenzierter wahrzunehmen. Ein Baby kann sich jetzt nämlich durchaus (wenn auch nur kurz) mal in Geduld üben. Das heißt, Sie müssen nicht bei jedem Pieps sofort zur Stelle sein, sondern können Ihrem Kind auch mal zumuten, kurz zu warten. Wenn Sie Ihr Kind gut beobachten, merken Sie recht schnell, wann es wirklich weint (weil es hungrig oder müde ist oder ihm etwas wehtut) und wann es nur quengelt oder sein Schreien bewusst einsetzt, um Ihre Aufmerksamkeit zu bekommen. Kräht Ihr Kleines, weil der Ball zum fünften Mal weggerollt ist, dürfen Sie ruhigen Gewissens »Ich komme gleich!« rufen (sollten dies aber kurze Zeit später auch tun!) und müssen nicht ständig »bei Fuß« stehen.

Gleich ist das begehrte Spielzeug erreicht: Lassen Sie Ihr Kind seine Fähigkeiten austesten.

Ihr Kind orientiert sich an Ihnen

Erziehung im zweiten Lebenshalbjahr heißt: Motivieren Sie Ihr Kind dazu, auch selbst einmal etwas auszuprobieren, statt allzeit bereit dem Kind alles abzunehmen. Dass es dabei auch mal ungeduldig wird und quengelt, ist völlig normal. Aber wenn es merkt, dass Mama den Ball nicht sofort wiederbringt, versucht es vielleicht selbst, das begehrte Objekt krabbelnd oder robbend zu erreichen – und ist hinterher sogar mächtig stolz auf seine Leistung! Erziehung hat im Babyalter also noch nichts mit Strenge zu tun, sondern damit, dass Sie Ihrem Kind eigene Fähigkeiten zutrauen und es diese Herausforderungen selbst meistern lassen. Kleine Kinder lernen vor allem durch Nachahmen. Gehen Sie innerhalb Ihrer Familie freundlich, achtsam, respektvoll und liebevoll miteinander um.

Schreien vom Schreien unterscheiden lernen

Mit etwa sechs Monaten sind Babys in der Lage, ihr Schreien bewusst einzusetzen. Hö-

ren Sie genau hin: Meist folgt einem kurzen, schrillen Kreischen ein ruhiger Moment, in dem das Baby Ihre Reaktion abwartet. Wissenschaftler nennen dieses bewusste Schreien »intentional cry« – zielgerichtetes Schreien.

Das Wörtchen »Nein« mit Bedacht verwenden

Gegen Ende des ersten Lebensjahres können Babys ein Nein zwar verstehen, aber sie können noch nicht wirklich begreifen, was es damit auf sich hat. Vernunftbetonte Begründungen wie »Nein, das Feuerzeug bekommst du nicht, denn du könntest dich verbrennen« können Babys unter einem Jahr noch nicht verstehen, geschweige denn im Gedächtnis behalten. Es ist daher besser, Ihrem Kind gefährliche Dinge vorerst wegzunehmen und ihm stattdessen etwas anderes zum Spielen anzubieten. Das erspart Ihrem Kind und Ihnen eine Menge Stress.

Das heißt aber nicht, dass Sie das Wörtchen »Nein« völlig aus Ihrem Sprachgebrauch löschen sollten, denn in diesem Fall würde Ihr Baby die Bedeutung und den Sinn von Verboten niemals kennenlernen. Gehen Sie jedoch nicht allzu verschwenderisch damit um. Setzen Sie ein Nein wirklich nur dann ein, wenn es unumgänglich ist. So merkt Ihr Nachwuchs von Anfang an, dass ein Verbot nur ausgesprochen wird, wenn es um etwas wirklich Wichtiges geht. Wenn Sie Nein sagen, tun Sie dies ruhig, aber bestimmt und mit ernstem Gesicht. Wenn Sie beim Neinsagen lächeln, kann Ihr Kind die Botschaft nicht verstehen.

Strafen bringen nichts

Halten Sie sich immer wieder vor Augen: Ihr Baby tut nichts aus Berechnung oder gar um Sie zu ärgern. Wenn es an den Vorhängen reißt oder im Brei mansch, erkundet es seine Umwelt. Mit diesem Gedanken im Hinterkopf lässt sich so manche nervenaufreibende Situation leichter hinnehmen.

Dosierte Entspannung mit Schnuller

Der Gebrauch von Schnullern und Ähnlichem ist fast so alt wie die Menschheit. Auch heute ist ein »Nuckel« in den ersten Lebensmonaten ihres Kindes für die meisten Eltern nicht wegzudenken. Geben Sie Ihrem Kind den Schnuller jedoch nicht, bevor es ein stabiles und regelmäßiges Saugverhalten entwickelt hat (siehe ab Seite 12). Auch sollte der Sauger nicht dazu dienen, Ihr Kind zum Schweigen zu bringen, wenn es einmal weint. Wohldosiert sorgt er jedoch für Entspannung – bei Eltern und Kind, etwa wenn Sie gemeinsam unterwegs sind. Bei dosiertem Gebrauch gewöhnt sich Ihr Baby auch nicht ans Dauernuckeln.

Die »Schnullerfee« kommt

Denken Sie auch daran: Je öfter und je länger Ihr Kind den Schnuller im Mund hat, umso mehr wird es in der Entwicklung seines Lächelns, seines Brabbelns und somit in seiner gesunden Sprachentwicklung eingeschränkt. Deshalb sollte die »Schnullerfee« das geliebte Stück am besten um den zweiten Geburtstag herum entführen. Als Entschädigung kann die gute Fee Ihrem Kind ja ein kleines Geschenk hinterlassen. Loben Sie Ihr Kind und freuen Sie sich gemeinsam darüber, dass es nun schon so groß ist und keinen Schnuller mehr braucht. Wenn ein Kind den Zeitpunkt der Entwöhnung verpasst und zu lange schnullert, können sich bereits ab dem zweiten Lebensjahr gravierende Verformungen der Kiefer und des Gaumens entwickeln. Es kommt dann häufig zu Zahnfehlstellungen, wiederholten Hals-Nasen-Ohren-Infektionen, Sprachfehlern und vermehrt auch zu Karies.

Lieber Schnuller als Daumen

Das Saugen ist eines von Babys Grundbedürfnissen – bereits im Mutterleib lutscht es am Daumen und trainiert so das spätere Saugen an der Brust. Der eigene Daumen ist für ein Kind stets verfügbar und kann jederzeit selbstständig »dosiert« werden. Allerdings führt das Daumenlutschen langfristig zu stärkeren Zahnfehlstellungen und Kieferverformungen. Der Daumen ist wenig flexibel, anatomisch wenig geeignet und übt stärkeren Druck auf den Gaumen aus als ein anatomisch korrekter Sauger aus Silikon oder Latex. Wenn Sie feststellen, dass Ihr Baby zur Beruhigung am Daumen lutscht, bieten Sie ihm frühzeitig einen kiefergerechten Babysauger an. Gute Schnuller haben ein weiches, auf beiden Seiten abgeflachtes Saugteil und eine schmale Auflage für die Kieferleisten und die Lippen. Hochwertige Sauger gibt es in drei Größen: für Kinder mit 1 bis 6 Monaten, 6 bis 18 Monaten und ab 18 Monaten.

FREMDELN – EIN WICHTIGER ENTWICKLUNGSSCHRITT

Die meisten Babys fangen im sechsten bis neunten Monat an zu fremdeln, bei manchen beginnt es aber auch später und hält dafür länger an. Abhängig ist der Beginn der Fremdelphase von der Persönlichkeit und den Erfahrungen des Kindes. Fremdeln ist kein Grund zur Besorgnis, im Gegenteil: Es ist ein sinnvoller Schutz. In diesem Alter werden Kinder umtriebiger, fangen an zu krabbeln, beginnen sich aufzurichten, probieren das Stehen und versuchen zu gehen. Durch das Fremdeln suchen sie dann die Nähe der vertrauten Personen und festigen dadurch die Bindung. Wenn es fremdelt, hat Ihr Kind einen wichtigen emotionalen Entwicklungsschritt getan: Es kann nun zwischen vertrauten und fremden Personen unterscheiden. Auch wir Erwachsenen lassen Vertraute lieber an uns heran als Unbekannte. Genauso geht es Ihrem Baby.

Nehmen Sie die Signale Ihres Kindes unbedingt ernst und gehen Sie liebevoll darauf ein. Ihr Kind braucht jetzt Ihre Nähe und Geborgenheit ganz besonders. Erzwingen Sie bitte nie den Kontakt mit anderen Personen, sondern nehmen Sie Ihr fremdelndes Kind auf den Arm und schaffen Sie etwas räumliche Distanz. Damit geben Sie Ihrem Kind die Möglichkeit, den Fremden aus sicherer Entfernung und gut beschützt zu betrachten. Da Kinder erfahrungsgemäß neugierig sind, lässt ein erster verstohlener Blick aus sicherer Position dann oft auch gar nicht lange auf sich warten.

Fremde Bezugspersonen

Die Fähigkeit eines Kindes, zwischen vertrauten und unvertrauten Menschen zu unterscheiden, ist erst mit ungefähr neun Monaten richtig ausgeprägt. Natürlich kann Ihr Baby auch vorher schon ab und zu einmal von den Großeltern, einem anderen Verwandten oder einer lieben Nachbarin kurzfristig versorgt werden. Der häufige Kontakt gibt ihm bereits Sicherheit. Um sich allerdings vertrauensvoll auf eine ihm noch fremde Bezugsperson wie beispielsweise einen Babysitter einlassen zu können, braucht Ihr Kind zunächst noch Ihre Anwesenheit und ganz viel gemeinsame Zeit. Erst wenn der wichtige Schritt des Bindungsaufbaus getan ist, können Sie Ihr Kind auch einmal mit dieser anderen Person allein lassen. Kinder signalisieren meist sehr deutlich, ob sie zu Fremden eher Distanz halten oder ihnen nahekommen wollen. Respektieren Sie die Wünsche Ihres Kindes, dann wird es irgendwann ganz selbstverständlich auf andere zugehen.

Fernsehen ist für Babys tabu

Fernsehen ist nichts für ein Baby – auch nicht, wenn es gemeinsam mit den Eltern vor dem Apparat sitzt beziehungsweise liegt. Es kann die starken Sinnesreize, die schnell wechselnden, flimmernden Bilder und die unbekannten Geräusche noch nicht verarbeiten. Die Folge können verstärkte Unruhe, Überdrehtheit oder Einschlafprobleme, auf längere Sicht sogar ernste Entwicklungsstörungen sein. Zudem spüren die Kleinen ganz genau, dass die Eltern während des Fernsehens mit ihrer Aufmerksamkeit von ihnen abgewandt sind – deshalb haben weder Sie noch Ihr Baby etwas von einem solchen Zusammensein. Versuchen Sie, Ihr Baby in einem anderen Raum zu beschäftigen, wenn zum Beispiel die älteren Geschwister oder andere Familienmitglieder fernsehen. Auf keinen Fall sollte das Gerät den ganzen Tag über im Hintergrund laufen. Das tut ohnehin niemandem gut.

SCHLAF, BABY, SCHLAF!

Einschlafen, durchschlafen, weiterschlafen – kaum ein Thema beschäftigt frischgebackene Eltern so sehr wie Babys Schlaf. Denn den braucht es zu seiner gesunden Entwicklung. Und die fürsorglichen Eltern oft ebenso dringend zu ihrer Erholung.

Ihr Baby war während der Schwangerschaft 40 Wochen lang körperlich und seelisch mit Ihnen verbunden. Für Ihr Kind fühlt es sich also ziemlich ungewohnt und fremd an, wenn es plötzlich ganz allein in einem Zimmer schlafen soll. In den ersten Monaten gehören Mama und Baby einfach zusammen – tagsüber ebenso wie nachts. Deswegen empfiehlt es sich, dass Sie Ihr Baby entweder mit bei sich im Elternbett schlafen lassen oder das Babybett in Ihr Schlafzimmer stellen. Das ist sehr beruhigend fürs Baby und gibt ihm die nötige Sicherheit.

Baby im Elternschlafzimmer

Schlafen Eltern und Kind gemeinsam in einem Raum, ist dies auch bequem für die Eltern: Sie hören sofort, wenn ihr Baby wach wird. Das Baby muss nicht lange schreien, bis Mama oder Papa reagieren, wacht dadurch gar nicht richtig auf und schläft nach dem Schlummertrunk viel schneller wieder ein. Und auch die müden Eltern finden schneller wieder in den Schlaf.

Am sichersten schlafen Babys nach heutigem Wissensstand in der Rückenlage.

»Co-Sleeping« und »Bedding-in«

Ein eigenes Bett fürs Baby zu haben ist eine Erfindung der Neuzeit. Früher war es üblich und normal, dass ein Baby gemeinsam mit seinen Eltern im selben Bett schlief. Auch heute vermittelt dies einem Kind Sicherheit und Vertrautheit: Es hört Mamas oder Papas Atem, kann deren Duft riechen und fühlt sich rundum geborgen und sicher. Außerdem ist das nächtliche Stillen für Mama und Baby äußerst bequem, wenn beide eng beieinander schlafen. Schön also, wenn Sie sich zum Schlafen für das Familienbett entscheiden (siehe auch Nr. 4)!

Maßnahmen für einen sicheren Kinderschlaf

Warum Babys am plötzlichen Kindstod sterben, ist trotz vieler Studien noch immer nicht endgültig geklärt. Die Angst davor treibt viele Eltern um. Da die Ursachen nach wie vor nicht vollständig bekannt sind, gibt es leider auch kein Rezept, mit dem sich dieses Schicksal garantiert vermeiden ließe. Die folgenden Maßnahmen bieten aber nach dem heutigen Kenntnisstand eine bestmögliche Vorbeugung:

- In der Umgebung eines Kindes wird grundsätzlich nicht geraucht, Rauchen ist der wichtigste vermeidbare Risikofaktor für den plötzlichen Kindstod. Dies gilt auch schon für das Ungeborene im Mutterleib.
- Das Baby schläft nachts im Elternbett oder im eigenen Bettchen im Schlafzimmer der Eltern.
- Zum Schlafen liegt es auf dem Rücken in einem zu seiner Körperlänge passenden, bis unter die Arme reichenden Schlafsack.
- Nach heutigem Stand der Wissenschaft sollte ein Baby nicht in Bauchlage schlafen. Auch die Seitenlage ist zum Schlafen ungünstig, weil Säuglinge so nicht stabil genug liegen und leicht auf den Bauch rollen können. Die Rückenlage dagegen verringert das Risiko um die Hälfte.
- Vermeiden Sie sowohl Überwärmung als auch Unterkühlung Ihres Babys. Die Raumtemperatur beträgt zum Schlafen 18 bis 22 °C. Babys Händchen dürfen kühl und die Füße sollen warm sein.
- Dicke Decken und Wärmflaschen gehören nicht zum Schlafen ins Kinderbett, Schaffelle nur bedingt (siehe Nr. 202). Auch Nestchen oder Bettumrandungen sind tabu, da sie die Luftzirkulation behindern.
- Es gibt neben Decken auch keine Kissen, Kuscheltiere und dergleichen im Bett, das Baby könnte sonst ersticken.
- Matratze, Kleidung und Schlafsack sind so beschaffen, dass keine Stauungswärme entsteht. Ebenso sind sie frei von Schadstoffen, die ausgasen können.
- Lüften Sie das Zimmer, in dem Ihr Baby schläft, regelmäßig und gründlich.
- Wenn Ihr Baby einen Schnuller hat, sollte es diesen auch zum Schlafen benutzen dürfen.
- Stillen kann das Risiko des plötzlichen Kindstods ebenfalls verringern.

Schaffell nur mit Einschränkungen

Schaffelle im Babybett gelten als Risikofaktor für den plötzlichen Kindstod, weil sie unter ungünstigen Bedingungen zu einer Überhitzung führen können – vor allem wenn das Kind zusätzlich in Bauchlage schläft. Liegt Ihr Kind auf dem Rücken, besteht kein Risiko. Vielmehr wirkt ein Schaffell temperaturausgleichend und wärmeregulierend. Liegt Ihr Baby auf einem Fell, benötigt es keine zusätzliche Decke. Die Kombination Schaffell plus Kunstfaserdecke kann nämlich wirklich zu einem Wärmestau führen. Ein Schlafsack ist daher auch für Babys, die auf einem Schaffell schlafen, erste Wahl. Achten Sie beim Kauf eines Babyschaffells unbedingt auf eine hochwertige Qualität, denn Billigprodukte können gesundheitsgefährdende Substanzen enthalten. Meiden Sie chromgegerbte Felle und achten Sie auf den Hinweis »pflanzliche Gerbstoffe«. Ein speziell für Babys geeignetes Babyschaffell ist zudem besonders weich gegerbt, kurz geschoren und somit eine angenehme, sichere Unterlage für Babys und Kleinkinder.

Schlafgerechte Raumtemperatur

Am Tag dürfen Babys bei einer Temperatur von 18 bis 20 °C schlafen, nachts sollte es dann etwas kühler sein: 16 bis 18 °C sind optimal. Achten Sie darauf, dass es in der Nähe des Babybettchens nicht zieht. Lüften Sie regelmäßig durch. Trockene Heizungsluft tut auch Ihrem Baby nicht gut. Wenn Sie das Schlafzimmer dennoch heizen wollen (oder müssen), tun Sie dies besser schon am Nachmittag (nach dem Lüften) und drehen die Heizung vor dem Zubettgehen herunter.

Schwitzen vermeiden!

Viele Neugeborene haben nachts eher kalte Hände. Doch die Temperatur der Händchen sagt bei einem Säugling wenig über seine Körpertemperatur aus. Solange die Füße und der Nacken Ihres Babys angenehm warm sind, ist alles in Ordnung. Wichtig ist vielmehr, dass Ihr Kind nachts nicht schwitzt. Zwar ist dies meist harmlos, es kann aber neben einem Risiko für den plötzlichen Kindstod auch ein Hinweis auf bestimmte Erkrankungen des Herzens oder einen Vitamin-D-Mangel sein. Wenn es jedoch am ganzen Körper friert, müssen Sie natürlich Abhilfe schaffen. Kleiden Sie es wärmer und nehmen Sie einen dickeren Schlafsack.

Schlafen – fast rund um die Uhr

Im Durchschnitt schlafen Neugeborene etwa 17 Stunden täglich, also ziemlich viel. Zwar melden sie sich in regelmäßigen Abständen, weil sie dann hungrig sind, schlafen danach aber meist seelenruhig weiter. Dass Neugeborene noch so viel schlafen, hat die Natur klug eingerichtet: Schließlich sollen die Mütter im Wochenbett erst einmal wieder selbst zu Kräften kommen. Genießen Sie also die Schlafphasen Ihres Nachwuchses und gönnen Sie sich selbst ab und zu ein kleines Nickerchen.

Das Schlafbedürfnis verändert sich

Die Dauerschlafphase des Neugeborenen geht recht schnell vorüber: Mit etwa drei Monaten reduziert sich die Schlafdauer auf 15 Stunden, mit einem Jahr schlummern die Kleinen noch etwa 14 Stunden pro Tag. Dies sind jedoch Durchschnittswerte und jedes Baby hat ein anderes Schlafbedürfnis. Während manche 20 Stunden schlafen, brauchen andere nur 14 Stunden Schlaf. Gar kein Problem also, wenn Ihr Kind viel mehr Schlaf braucht als andere oder aber wacher ist als seine Altersgenossen.

Langsam in den Tag-Nacht-Rhythmus hineinfinden

Neugeborene kennen noch nicht den Unterschied zwischen Tag und Nacht. Es ist deshalb völlig normal, dass ein Baby nachts aufwacht, um gefüttert zu werden. Ihr Kind wird seinen eigenen Schlafrhythmus bald finden, wenn Sie ihm von Anfang an den Unterschied zwischen den Tageszeiten auf sanfte Weise verdeutlichen: Stillen oder füttern Sie nachts bei gedämpftem Licht, sprechen Sie nur wenig und leise. Das Spielen und ausgiebige Kuschelrunden verlegen Sie besser auf den Tag beziehungsweise Abend. Nach der Mahlzeit legen Sie Ihr Baby sofort wieder hin. Solange Ihr Kind nicht wund ist, ist auch ein Windelwechsel nachts nicht nötig (wenn Ihr Kind irgendwann einmal durchschläft, werden Sie es bestimmt auch nicht zum Wickeln wecken, sondern es selig schlummern lassen). So lernen die meisten Kinder, dass die Nacht zum Schlafen da ist, und verlängern ihre nächtlichen Schlafphasen.

Gute-Nacht-Ritual fürs Baby

Entdecken Sie für sich, welches ruhige Einschlafritual Ihnen und Ihrem Baby Freude macht! Ganz gleich, ob Sie den Sternen eine gute Nacht wünschen, gemeinsam eine Spieluhr anhören, ein Lied singen oder ein Gebet sprechen. Wichtig ist allein, dass der Tag immer wieder auf die gleiche Weise endet und Ihr Baby dadurch lernt: Jetzt ist Schlafenszeit, denn die Nacht beginnt! Übertreiben Sie es aber bitte nicht: Ein Gute-Nacht-Ritual sollte nicht länger als eine halbe Stunde dauern.

Früh damit beginnen …

Je früher Sie Ihr ganz persönliches Einschlafritual einführen, desto besser! Sie können ein solches Ritual von Beginn an ganz selbstverständlich als bewussten Tagesabschluss setzen, denn es ist eine wichtige Vorbeugung gegen spätere Schlafprobleme Ihres Kindes. Spätestens bis zum ersten Geburtstag sollte ein Gute-Nacht-Ritual fest etabliert sein.

… und konstant dabeibleiben

Auch wenn es Ihnen selbst eintönig vorkommen mag: Bleiben Sie die ganze Kleinkindzeit über konsequent bei Ihrem gewählten Gute-Nacht-Ritual. Der immer wiederkehrende Rhythmus und die Routine vermitteln Ihrem Kind Sicherheit und Vertrautheit. So wird das abendliche Ritual zu einem Anker im Tagesablauf, an dem Ihr Nachwuchs sich festhalten und orientieren kann.

Papa kann mitmachen

Anfangs ist ein Baby durch das Stillen (und meist auch durch das Füttern) eng an seine Mutter gebunden und sehr auf sie fixiert. Ein Gute-Nacht-Ritual bietet eine ideale Möglichkeit, gerade auch berufstätige Papas an Babys Tagesrhythmus teilhaben zu lassen.

Die beste Schlafenszeit

Legen Sie Ihr Baby am besten dann schlafen, wenn es müde, aber noch nicht übermüdet ist. Jedes Baby zeigt auf seine eigene Art und Weise, wann es bereit zum Schlafengehen ist. Beobachten Sie Ihr Kind genau, dann finden Sie bald heraus, auf welche Weise es Ihnen signalisiert: »Ich bin müde.« Und wenn es das nächste Mal seine Äuglein reibt, gähnt oder mit dem Müdigkeitsquengeln beginnt, wissen Sie genau, dass jetzt die optimale Zubettgehzeit ist. Ein Einschlafritual verhilft zu süßen Träumen.

Ruhe bitte!

Wenn Sie merken, dass Ihr Baby schon sehr müde ist, legen Sie es ohne großes Drumherum einfach in sein Bettchen. Herumtragen, Schaukeln oder Vorsingen können dem Kleinen jetzt leicht zu viel werden. Es weint möglicherweise, weil es zum Einschlafen nur Ruhe möchte und Aktivität als störend empfindet. Stellen Sie sich einmal vor, Sie wären todmüde. Nun kommt jemand, der Sie in den Schlaf wiegen möchte, Ihnen dabei etwas vorsingt und vielleicht noch leise auf Sie einredet – das würde Sie auch stören, oder?

Beruhigungssaugen als Einschlafhilfe?

Beim Saugen genießen alle Babys die Nähe und den Hautkontakt. Oft fühlen sie sich dabei so geborgen, dass sie genüsslich einschlummern. Wenn Ihr Kind allerdings im Laufe der Nacht dauernd nuckeln möchte, ohne noch ausreichend zu trinken, sollte es lernen, sich anders zu beruhigen. Nehmen Sie Ihr Kind nach der Stillmahlzeit von der Brust und legen Sie es zum Einschlafen ins Bettchen. Wenn es protestiert, zeigen Sie ihm durch sanftes Streicheln oder Flüstern, dass es auf Ihre Nähe nicht verzichten muss. Bieten Sie ihm außerdem ein Stoffpüppchen oder ein Nuckeltuch an und gewöhnen Sie es behutsam und schrittweise an ein Einschlafritual, das Ihnen eine ruhige und erholsame Nacht garantiert.

Soll man Babys wach ins Bett legen?

Sicher ist es die beste Lösung, wenn Sie Ihr Baby noch wach ins Bett legen und es dann einschläft, ohne dass Sie es noch einmal hochnehmen müssen. Es darf ruhig noch etwas nörgeln, bis es schläft. Bleiben Sie bei ihm, bis es eingeschlafen ist. Ihre Nähe gibt ihm die Sicherheit, die es braucht, um loszulassen und einzuschlafen. Manche Kinder allerdings weinen herzzerreißend, wenn sie wach ins Bett gelegt werden, da sie nicht allein in den Schlaf finden. Natürlich dürfen Sie Ihr Baby dann hochnehmen, es trösten, streicheln, wiegen und ihm in den Schlaf helfen.

Körperkontakt und Nähe

Es gibt Babys, die zum Einschlafen eine »Extraportion Mama« benötigen. In einem Tragetuch (siehe Nr. 286) fühlen sie sich geborgen, können Mamas Herzschlag und ihre Wärme spüren und werden sanft in den Schlaf geschaukelt.
Wenn Sie Ihr Baby nachts in den Schlaf wiegen, wechseln Sie - wenn möglich - Ihre Haltung dabei nur wenig. Bei häufigem Haltungswechsel hat Ihr Kind sonst keine Gelegenheit, sich zu beruhigen.

213

Pucken

Neugeborene brauchen eine fühlbare Begrenzung, um sich nicht in der »großen weiten Welt« zu verlieren. Die alte Wickelmethode des Puckens vermittelt Ihrem Kind Wärme und Geborgenheit. Es spürt die Grenzen seiner Umgebung, ohne eingeengt zu sein. Das ist ihm vertraut durch seine Zeit im Mutterleib, es fühlt sich im Puck sicher, warm und geborgen. Pucken eignet sich für alle Babys bis zum Alter von vier bis fünf Monaten. Besonders hilfreich ist es für Kinder, die oft unruhig sind, viel quengeln und schlecht (ein)schlafen und die häufig Bauchschmerzen haben. Für untröstlich weinende Kinder (sogenannte Schreibabys) kann das Pucken eine wichtige therapeutische Maßnahme sein und Eltern und Kind gleichermaßen entlasten.

So geht's

- Zum Schlafen wickeln Sie Ihr Kind mit einem Molton- oder Wolltuch (zirka 80 mal 80 Zentimeter) leicht bekleidet so ein, dass die Ärmchen fest am Körper anliegen, die Beine aber Bewegungsfreiheit haben. Wichtig ist das relativ feste Wickeln des Oberkörpers, weil die Kinder dadurch seltener von eigenen unkontrollierten Armbewegungen aufwachen (der Moro-Reflex oder Umklammerungsreflex ist ein Schutzreflex des Babys). Der Stoff sollte keinesfalls das Gesicht bedecken.
- Es ist, abhängig von der Umgebungstemperatur, meist nicht nötig, dem Kind unter dem Pucktuch noch zusätzlich warme Kleidung anzuziehen. Oft reicht ein leichtes Hemdchen.
- Ihre Hebamme zeigt Ihnen gern die wichtigsten Handgriffe. Auch im Internet finden Sie Tipps (www. pucktuch.de).

Pucksack

Eine Alternative zum Pucken mit Tuch ist ein Pucksack, den verschiedene Hersteller anbieten. Damit kann jedoch nicht so fest gewickelt werden und – entscheidender Unterschied – die Arme bleiben dabei frei. Für eher unruhige Kinder sind herkömmliche Pucksäcke demnach nicht optimal. Sie benötigen eher einen »Ganzkörper-Pucksack« mit Klettverschlüssen, der in der richtigen Größe den gleichen Effekt hat wie das feste Einwickeln (Bezugsadresse siehe Seite 156). Auch ein Pucksack sollte am besten aus atmungsaktiven Naturtextilien bestehen.

Beim Pucken kommt es vor allem darauf an, dass der Oberkörper und die Arme Ihres Kindes straff eingewickelt sind.

Haben Sie Geduld: Die wenigsten Kinder schlafen bereits mit sechs Monaten durch.

Träum schön, Baby!

Vielleicht haben Sie schon einmal beobachtet, dass Ihr Kleines im Schlaf mit den Augen rollt. Das ist ganz normal: Ihr Kind befindet sich dann gerade in einer sogenannten Traumschlaf-Phase. Diese Schlafphase ist auch als REM-Schlaf bekannt (Rapid Eye Movements = schnelles Bewegen der Augen). In den ersten Lebensmonaten fallen Babys nach dem Einschlafen meist sehr schnell in diesen Traumschlaf. Manche Kinder rollen in dieser »erlebnisreichen« Schlafphase nicht nur mit den Augen, sondern seufzen ab und zu auch leise vor sich hin. Dieses Verhalten ist völlig normal und keineswegs ein Grund zur Sorge.

Ab wann kann ein Baby durchschlafen?

Das lässt sich nicht pauschal beantworten, denn wie bei vielen anderen Entwicklungsschritten verhalten sich Kinder auch in diesem Punkt ganz unterschiedlich. Oft hört oder liest man, dass Kinder ab sechs Monaten in der Lage seien durchzuschlafen. Das trifft auf einen Teil der Kinder in diesem Alter auch zu – auf den anderen Teil aber eben nicht. Machen Sie sich also keine Sorgen, wenn Ihr Kind bald ein Jahr alt wird und noch nicht durchschläft. Übrigens können auch Kinder, die schon einmal durchgeschlafen haben, nachts wieder vermehrt aufwachen, wenn sie einen Entwicklungsschub durchmachen, Zähne bekommen oder krank sind. »Durchschlafen« heißt nicht, dass Ihr Kind die ganze Nacht schlafend verbringt. Es bedeutet für ein Baby, nachts ohne Unterbrechung sieben Stunden am Stück zu schlafen. Geht Ihr Kind also um 8 Uhr abends ins Bett, meldet um 3 Uhr Hunger an und schläft nach dem Stillen bis 6 Uhr morgens weiter, ist es bereits ein Durchschläfer.

Das Durchschlafen lernen

Mit einem halben Jahr schläft gerade mal ein Drittel aller Kinder durch, mit einem Jahr ist es dann etwa die Hälfte. Durchschlafen zu lernen ist ein wichtiger Entwicklungsschritt, wie Sprechen- oder Laufenlernen. Jedes Kind vollzieht ihn in seinem individuellen Rhythmus. Das Durchschlafen hat übrigens nichts – wie manchmal behauptet – mit der Abendmahlzeit zu tun. Es gibt Stillkinder, die bereits mit einem halben Jahr durchschlafen, und es gibt gleichaltrige Kinder, die mehrmals pro Nacht nach der Flasche verlangen. Beides ist normal und völlig in Ordnung. Bald und zu gegebener Zeit ist auch Ihr Kind bereit dazu – unabhängig davon, was beziehungsweise wie viel es abends gegessen oder getrunken hat.

Schlafenszeiten: reine Gewohnheitssache

In den ersten Monaten ist es noch nicht nötig, dass ein Baby auch tagsüber feste Schlafenszeiten hat. Erst wenn Ihr Kind dann ein ungefähr ein halbes Jahr alt ist, können Sie allmählich und behutsam regelmäßige Schlafenszeiten einführen, auch am Tag. Wichtig ist dabei, dass Sie dem Alltag eine Struktur geben und einen Rhythmus anbieten, damit Ihr Kind den Wechsel zwischen Wachen und Schlafen erfährt. Versuchen Sie immer zu den gleichen Zeiten zu spielen, spazieren zu gehen, zu singen … Schaffen Sie Rituale, die Ihrem Kind Regelmäßigkeit und Sicherheit vermitteln. Mit der Zeit werden dann auch die Schlafphasen Ihres Kindes einem regelmäßigen Rhythmus folgen.

Schlafenszeiten schrittweise verändern

Je mehr Zeit ein Baby tagsüber mit Schlafen verbringt, desto »kürzer« wird die Nacht. Eltern berichten zum Beispiel, dass ihr Kind morgens sehr früh aufwacht und munter wird und dann einen langen Vormittagsschlaf und später noch einen ebenso langen Nachmittagsschlaf benötigt. Dies ist leider ein Teufelskreis, den man nur schrittweise und nicht von heute auf morgen durchbrechen kann: Wecken Sie Ihren Sprössling jeden Tag ein bisschen früher aus seinem Mittagsschlummer auf, bis er irgendwann nachmittags nur noch kurz, aber dafür nachts länger schläft.

Sind »Schlafprogramme« sinnvoll?

Schlafprogramme sind, wenn überhaupt, erst für Kinder ab dem Alter von einem Jahr geeignet. Wenn Sie ein solch rigoroses Programm anwenden möchten, brauchen Sie dazu außerdem nicht nur einen eisernen Willen, sondern auch sehr starke Nerven. Denn Sie müssen dabei das mitunter lang andauernde Weinen Ihres Kindes ertragen. Sie sollten sich im Vorfeld darüber im Klaren sein, ob Sie sich selbst und Ihrem Kind dies zumuten möchten beziehungsweise können.

Das Prinzip Resignation

Letzten Endes funktionieren alle Schlafprogramme nach dem Schema des »kontrollierten Weinenlassens«. Schon diese Bezeichnung verdeutlicht, dass es darum geht, dem Kind mit Autorität und Überlegenheit zu zeigen, was ihm guttut. Ein Säugling ist jedoch von seiner kognitiven Entwicklung her noch gar nicht imstande, diese elterliche Botschaft aufzunehmen und zu verarbeiten. Verfechter der Methode sind überzeugt, dass alle Kinder auf diese Weise schlafen lernen können. Es mag auch sein, dass ein Kind auf diese Weise das Schlafen »lernt«. Aber nicht, weil es einsieht, dass es ihm guttut, sondern weil es resigniert hat. Es hat die Hoffnung aufgegeben, dass jemand kommt, um es zu trösten. Ob Sie solche rigiden Methoden in der Kindererziehung anwenden möchten, sollten Sie genau prüfen und abwägen.

Mit echten Schlafproblemen zum Experten

Bei andauernden Schlafstörungen Ihres Kindes sollten Sie in einem schlafmedizinischen Zentrum professionellen Rat einholen. Entsprechende Adressen können Sie auf der Internetseite der Deutschen Gesellschaft für Schlafforschung und Schlafmedizin finden (www.dgsm.de).

»BITTE NICHT WEINEN, BABY!« – SCHREIBABYS

Für Ihr Baby ist Schreien eine wichtige Möglichkeit, Ihnen sein Unbehagen mitzuteilen. Mehr und mehr werden Sie lernen, die Hilferufe Ihres Kleinen richtig zu deuten und sinnvoll darauf zu reagieren. Eltern untröstlich weinender Kinder sollten unbedingt professionelle Hilfe in Anspruch nehmen.

Kein Baby schreit grundlos oder absichtlich. Mit seinem Schreien teilt Ihnen Ihr Baby zum Beispiel mit, dass es hungrig, müde, gelangweilt oder überreizt ist. Dass ihm der Trubel zu viel, das Licht zu hell, die Stimmen zu laut sind. Zu Beginn seines Lebens ist sich ein Säugling seiner Empfindungen noch gar nicht bewusst: Er spürt zwar Unbehagen, weiß jedoch nicht, wodurch diese Empfindungen ausgelöst oder verändert werden können. Dies lernt er erst durch den Umgang mit Bezugspersonen, die sein Verhalten spiegeln und sinnvoll darauf reagieren.

DER FAKTOR ZEIT

In dem Maße, in dem Sie selbst lernen, die Hilferufe Ihres Babys richtig zu deuten, sich in seine Bedürfnisse einzufühlen und entsprechend darauf zu reagieren, wird das Schreien Ihres Kindes mit der Zeit allmählich abnehmen. Untersuchungen kommen zu dem Schluss, dass dies bei zwei Dritteln der betroffenen Kinder meist bis zum vierten Monat der Fall ist. Allerdings gilt auch hier: Das eine Baby lernt schneller, das andere etwas langsamer. Versuchen Sie, geduldig zu bleiben, auch wenn das nicht immer leicht ist.

VIELE URSACHEN FÜR EXZESSIVES WEINEN

Kinder, die sehr viel schreien, können die vielen anflutenden Reize aus der Umwelt nicht so gut verarbeiten. Sie sind leicht zu irritieren und nur schwer zu beruhigen. Die Entwicklung eines natürlichen Schlaf-Wach-Rhythmus ist verzögert und meistens reagieren sie auch nur wenig auf die Beruhigungsangebote der Eltern. Manche Kinder verarbeiten durch exzessives Weinen vorgeburtliche Angsterlebnisse oder eine traumatische Geburt. Wieder andere haben Bauchweh und Koliken, die sie zu stundenlangem Weinen veranlassen. Warum dies bei manchen Babys der Fall ist und bei anderen wiederum nicht, liegt im Temperament, in der Konstitution, dem Umfeld und den Lebensbedingungen jedes einzelnen Kindes begründet.

221
Nehmen Sie professionelle Hilfe in Anspruch

Ein untröstlich weinendes Baby und seine Eltern benötigen dringend professionelle Hilfe. Bekommen sie diese nicht, entsteht oft ein Teufelskreis: Das Kind schreit noch mehr, seine Eltern sind zusätzlich gestresst, was sich wiederum negativ auf die ganze Familie auswirkt. Lassen Sie zunächst vom Kinderarzt untersuchen, ob körperliche Gründe als Schreiursache auszuschließen sind. Sind organische Probleme ausgeschlossen, lassen Sie sich in einer speziellen Beratungsstelle für Eltern mit Säuglingen und Kleinkindern beraten. Eine weiterführende Adresse finden Sie im Anhang (siehe Seite 156).

222
Auf Babys Signale achten und angemessen darauf reagieren

Wie können Sie Ihr weinendes Baby besser verstehen lernen? Beobachten Sie, wie es auf Ihre Maßnahmen reagiert, und geben Sie ihm eine entsprechende Rückmeldung. Zum Beispiel beim Pucken (siehe Nr. 213): Wenn Sie feststellen, dass Ihr Baby beim Einwickeln ruhiger wird, Sie aber noch fragend anblickt und mit den Beinchen strampelt, könnte Ihre Rückmeldung so aussehen: »Hm, den Puck kennst du noch nicht, das ist neu für dich, nicht wahr? Aber ich sehe, dass es dir Spaß macht, mit den Beinchen zu strampeln, und du dabei ruhiger wirst.« Ihr Kind lernt dadurch, außer durch das Schreien auch durch unterschiedlichste andere Verhaltensweisen und Reaktionen mit Ihnen zu kommunizieren.

Vertrauen auf die eigenen intuitiven Fähigkeiten

Versuchen Sie, auf ähnliche Weise auch andere Bedürfnisse Ihres Kindes zu erkennen. Mit der Zeit lernen Sie die Signale Ihres Babys immer besser zu deuten. Und wenn Sie verstehen, was Ihr Baby Ihnen mit seinem Verhalten sagen möchte, fällt es Ihnen leichter, sinnvoll und folgerichtig auf seine Mitteilungen zu reagieren. Dieses wertvolle Startkapital für die Kommunikation zwischen Eltern und Baby bezeichnen Fachleute als intuitive elterliche Kompetenz. Eltern entwickeln dadurch eine Feinfühligkeit, mit der sie bald am Kind selbst »ablesen« können, was es benötigt. Dazu bedarf es keiner besonderen Fähigkeiten. Im Alltag mit einem Baby gibt es viele Möglichkeiten und geeignete Situationen, um das Kind kennenzulernen, es zu beobachten und auf seine gesunde Entwicklung einzuwirken.

Nehmen Sie Ihr weinendes Baby auf den Arm. So spürt es Ihren Herzschlag und kann sich beruhigen.

Körperkontakt beruhigt

Eltern von erst wenige Wochen alten Babys berichten häufig, dass ihr Kind meist abends seine »Schreistunde« habe. In der ersten Zeit sind Babys abends oft unruhig. Sie benötigen noch ganz viel Körperkontakt, Aufmerksamkeit, Wärme und Zuwendung. Sie können noch nicht allein sein und nicht einfach ruhig in ihrer Wiege oder im Bettchen einschlafen. Wenn Sie dasselbe bei Ihrem Baby beobachten, versuchen Sie einmal Folgendes: Vielleicht schläft Ihr Kind auf Ihrem Bauch oder auf Papas Brust leichter ein? Es kann dann Ihren Herzschlag hören, die Atmung spüren, Ihre Körperwärme und Ihren vertrauten Geruch genießen. Das gibt ihm Sicherheit und Geborgenheit. Sie brauchen auch nicht zu befürchten, dass Sie Ihr Kleines mit Ihrer Liebe verwöhnen – Sie stärken damit sein Vertrauen in das Leben.

Getragen wie einst in Mamas Bauch

Wenn Sie feststellen, dass Tragen und Gehaltenwerden Ihrem Baby dabei helfen, ruhig zu werden und sich zu entspannen, brauchen Sie sich keine Sorgen zu machen, dass Sie Ihr Kleines damit verwöhnen! Probieren Sie zu Ihrer Entlastung einmal ein Tragetuch aus (siehe Nr. 286): Das Getragenwerden im Tuch hat Ähnlichkeit mit dem »Tragen« in der Gebärmutter. In der warmen und geborgenen Umhüllung fühlen sich die meisten unruhigen Babys sehr wohl. Und Sie haben beide Hände frei und schonen Ihren Rücken.

Temperaturcheck

Säuglinge haben noch keinen stabilen Wärmehaushalt. Überprüfen Sie, ob Ihrem Kind warm genug ist – oder können Sie zum Beispiel mit kalten Füßen gut einschlafen?

Tagebuch führen

Wenn ein Baby so viel weint und schreit, dass dadurch der ganze Tagesablauf einer Familie aus den Fugen gerät, kann es hilfreich sein, ein »Schreitagebuch« zu führen und mit dessen Hilfe den Tag wieder besser zu strukturieren. In dem Tagebuch tragen Sie eine Woche lang ein, wann und wie lange Ihr Baby schreit. Halten Sie auch fest, was Sie tagsüber tun und wie Ihr Baby darauf reagiert. Anschließend nehmen Sie das Buch zur Hand und versuchen herauszufinden, was Ihrem Kind in welcher Situation gutgetan hat: Schläft es mittags besser im Tragetuch? Dann nutzen Sie die Zeit des Mittagsschlafs für einen gemeinsamen

Spaziergang, die Ruhe und die frische Luft wird Ihnen beiden guttun. Schreit es immer besonders lang nach dem abendlichen Bad? Dann verlegen Sie das Planschen am besten in die Morgenstunden und waschen Ihr Baby nur kurz mit dem Waschlappen.

So tasten Sie sich an einen Tagesrhythmus und kleine, immer wiederkehrende Rituale heran. Diese bringen wieder ein wenig Ordnung in Ihren Tag – das tut nicht nur Ihrem Baby gut, sondern auch Ihnen.

227
Entlastendes Netzwerk

Ein afrikanisches Sprichwort sagt: »Für die Erziehung eines Kindes braucht es ein ganzes Dorf.« Das heißt: Alle helfen mit, wenn Eltern Unterstützung und Hilfe brauchen. Und zwar am besten dauerhaft und verlässlich. Das besagte Dorf, das die Kinder gemeinsam großzieht, gibt es bei uns nur noch selten. Das moderne Dorf heißt Netzwerk: Suchen Sie sich jemanden, der Ihnen auch und gerade das weinende Baby einmal abnimmt, mit ihm spazieren fährt oder es ein wenig herumträgt. Lassen Sie sich von Freunden, Verwandten und Gleichgesinnten helfen. Haben Sie bitte kein schlechtes Gewissen, wenn Sie sich in dieser Zeit eine Pause gönnen. Die haben Sie mehr als verdient! Niemand hat etwas davon, wenn Sie fix und fertig mit den Nerven sind. Bestimmt werden Sie sich irgendwann einmal revanchieren können.

228
Tee gegen Koliken

Beruhigungsmittel (Sedativa) fürs Baby haben erhebliche Nebenwirkungen. Ein Nutzen hat sich nicht bestätigt. Auch homöopathische Arzneimittel sollten erst nach genauer Begutachtung durch einen erfahrenen Homöopathen verabreicht werden. Mit einem Kräutertee aus Kamille, Süßholz, Eisenkraut, Fenchel und Zitronenmelisse über sieben Tage konnte in einer israelischen Studie eine Verminderung der Schreiphasen bei Koliken erreicht werden. Einen Versuch ist es wert! Die Zutaten können Sie sich zu gleichen Teilen in der Apotheke mischen lassen.

Wenn Ihr Baby übermäßig schreit, sorgen Sie für eine ruhige, reizarme Umgebung.

Hilfen fürs »Schreibaby«

Wenn ein Baby an mindestens drei Tagen in der Woche mindestens drei Stunden lang und über einen Zeitraum von drei Wochen untröstlich weint, sprechen Experten von »exzessivem Schreien«. So weit zur Theorie der sogenannten Dreierregel. Doch auch wenn Ihr Baby »nur« zweieinhalb Stunden lang schreit oder dieser Zustand »bloß« zwei Wochen anhält – nicht die Uhr, sondern das Ausmaß der familiären Belastung bestimmt, ob Ihr Kind diese Auffälligkeit zeigt.

Gestörte Selbstregulierung

Zusätzlich zum untröstlichen Weinen leiden viele Schreibabys unter Schlaf- und Gedeihstörungen. Kinder- und Jugendpsychiater betrachten das exzessive Weinen als eine sogenannte Regulationsstörung: Das Kind hat keine oder nur wenig Möglichkeiten, sein Verhalten dem Wechsel von Aufmerksamkeit und Selbstberuhigung, Schlafen und Wachen, Füttern und Verdauen, Schreien und Wohlfühlen seinem Entwicklungsstand gemäß anzupassen. Es sendet keine eindeutigen Signale aus und findet durch das permanente Schreien keine Bestätigung bei seinen Eltern. Gleichzeitig sehen sich die Eltern in ihrer Rolle nicht bestätigt, da sie sich ständig fragen, was sie falsch machen und warum ihr Kind unglücklich ist. Die Kommunikation zwischen einem Schreikind und seinen Eltern ist gestört. Verzweifeln Sie bitte nicht: Dieser Dialog lässt sich mit etwas Übung schnell erlernen.

Was können Sie tun?

Zunächst einmal: Überfordern Sie Ihr Kind (und sich selbst) nicht. In ihrer Not spulen viele Eltern ein Programm ab, das ihr untröstlich weinendes Baby überfordert, statt es zu beruhigen: herumtragen, singen, reden, streicheln, stillen, spielen … und manchmal alles auf einmal. Wenn Ihr Baby weint, probieren Sie nicht zu viele Ablenkungs- und Beruhigungsmethoden nacheinander aus. Ihr kleiner Schreihals wird sonst zusätzlich überreizt und schreit noch mehr. Sorgen Sie lieber für eine »beruhigte« Umgebung. Spieluhren, Mobiles, Kuscheltiere oder wild gemusterte Bettwäsche, grellfarbene Kindermöbel und Ähnliches bieten Schreibabys zu viele Sinnesreize.

Weitere Beruhigungsmaßnahmen

Und das können Sie sonst noch zur Beruhigung Ihres »Schreibabys« tun:
- Finden Sie heraus, was genau Ihr Baby in Stress versetzt: Weint es bei vielem Trubel und lauten Geräuschen? Dann sind lärmender Besuch und ein im Hintergrund dauerdudelndes Radio tabu.
- Fühlt Ihr Kind sich in der Weite des Stubenwagens verloren? Dann pucken Sie es (siehe Nr. 213) oder tragen es im Tragetuch eng bei sich (siehe Nr. 286).
- Scheint es durch die vielen Eindrücke überfordert zu sein, dürfen Sie auch gerne das Zimmer abdunkeln, wenn es dann besser schläft.
- Versuchen Sie, einen möglichst immer gleichen Tagesrhythmus mit festen Schlaf- und Wach-Zeiten einzuführen.

In der Enge eines Tragetuchs fühlt sich Ihr Baby geborgen und kommt leichter zur Ruhe.

- Wichtig ist auch, dass Sie selbst zur Ruhe finden, so schwer Ihnen das auch fallen mag. Ihr Baby spürt Ihren Stress, Ihre Unsicherheiten und Ängste nämlich sehr genau.
- Außenstehende können ein weinendes Kind manchmal eher zur Ruhe bringen als seine angespannten Eltern. Lassen Sie Großeltern, Geschwister oder Freunde Ihr Kind trösten. Ziehen Sie sich kurz zurück und genießen Sie die Ruhe ohne das Gefühl, versagt zu haben. Lernen Sie, konkrete Bitten zu formulieren, wie, wann und von wem Sie entlastet werden möchten.

Fachliche Unterstützung

Eltern untröstlich weinender und schreiender Babys wissen oft nicht mehr ein noch aus. Sie fühlen sich als schlechte Eltern und sind völlig fertig mit den Nerven. Ergeht es Ihnen ebenso? Bitte machen Sie sich unbedingt zunächst klar: Sie sind am Schreien Ihres Kindes nicht schuld! Wenn Sie das Gefühl haben, dass Sie Ihrem Kind nicht mehr helfen können, und sich selbst nach Unterstützung sehnen, dann nehmen Sie professionelle Hilfe in Anspruch. Auch wenn Sie Groll, Ärger oder Wut Ihrem Kind gegenüber entwickeln oder sich bei dem Gedanken ertappen, wie viel schöner Ihr Leben ohne es wäre, benötigen Sie fachlichen Rat. Suchen Sie nicht erst dann Hilfe, wenn Sie völlig am Ende sind! In vielen Städten gibt es an Kliniken, Praxen, Erziehungsberatungsstellen, Jugend- und Gesundheitsämter angegliederte Schreisprechstunden. Erfahrene Kinderärzte, Psychologen, Pädagogen, Hebammen und Therapeuten analysieren Ihre persönliche Situation und bieten individuelle Hilfe an. Entsprechende Adressen finden Sie im Anhang (siehe Seite 156–157).

Wichtig!

Auch wenn die Nerven einmal blank liegen, weil das Baby nicht aufhört zu schreien: Niemals dürfen Sie Ihr Kind schütteln oder schlagen! Durch diese unkontrollierten Handlungen könnte es passieren, dass Sie Ihr Baby lebensgefährlich verletzen.

BABYS GESUNDHEIT

- Gesundheitsvorsorge fürs Baby **118**
- Babys Hautprobleme lindern **128**
- Erkältung und Fieber behandeln **132**
- Hilfe bei Verdauungsstörungen **138**

GESUNDHEITS-VORSORGE FÜRS BABY

Kranke Babys verhalten sich unterschiedlich: Manche quengeln und wollen ständig getragen werden, andere erholen sich ruhig im Bettchen. Lassen Sie Ihren kleinen Patienten spüren, dass Sie für ihn da sind. Bei Unsicherheiten befragen Sie unbedingt den Kinderarzt – auch beim Thema Impfen: Er kann Ihnen aktuelle Informationen dazu geben.

Einen guten Kinderarzt finden Sie eher über persönliche Empfehlungen als übers Internet. Fragen Sie am besten andere Eltern in Ihrem Bekanntenkreis. Die Entfernung zwischen der Praxis und Ihrer Wohnung sollte nicht zu groß sein, damit Sie mit einem akut erkrankten Kind nicht weite Wege zurücklegen müssen.

Es ist wichtig, dass Sie zum Arzt Ihrer Wahl Vertrauen haben. Die grundsätzliche medizinische Ausrichtung des Kinderarztes sollte deshalb zu Ihrer Lebenseinstellung passen. Arzt oder Ärztin sollten Ihnen (und Ihrem Kind!) sympathisch sein, möglichst eine gehörige Portion Humor haben und Sie mit Ihren Fragen und Problemen auf jeden Fall ernst nehmen.

WICHTIG: DER RICHTIGE KINDERARZT

Ein guter Kinderarzt mag Kinder und zeigt dies auch: Er behält die Nerven, wenn die kleinen Racker mal anstrengend werden. Er erklärt Ihnen, und altersgerecht auch dem kleinen Patienten, was er bei der Untersuchung gerade tut. Grundsätzlich sollte Ihr Kinderarzt auch bereit sein, im Notfall Hausbesuche zu machen.

Frühzeitig einen Eindruck gewinnen

Schauen Sie sich auch die Organisation der Praxis an: Bekommen Sie rasch einen Termin, müssen Sie lange Zeit im Wartezimmer verbringen, gibt es ansprechende Spielmöglichkeiten für die wartenden Kinder?
Am besten nehmen Sie mit dem Kinderarzt Ihrer Wahl schon vor der Geburt Kontakt auf. Falls Sie ambulant oder zu Hause gebären wollen, bitten Sie um einen Hausbesuch zur Basisuntersuchung U2 zwischen dem dritten und zehnten Lebenstag. Sollten Sie nach einigen Besuchen doch meinen, sich falsch entschieden zu haben: Auch für Kinder gilt die freie Arztwahl, Sie können den Kinderarzt jederzeit wechseln.

DIE VORSORGEUNTERSUCHUNGEN

Die Vorsorgeuntersuchungen U1 bis U9 und J1 beim Kinderarzt dienen dazu, Krankheiten und Fehlentwicklungen so früh wie möglich zu erkennen. Bei den einzelnen Terminen, die in bestimmten Abständen stattfinden, begutachtet der Kinderarzt den Entwicklungsstand Ihres Kindes, Gewicht und Größe werden bestimmt und in das gelbe Untersuchungsheft eingetragen. Bei allen Untersuchungen wird der Kinderarzt Sie auch zum Verhalten Ihres Kindes sowie zu seiner Ernährung und Entwicklung befragen. Bei manchen Vorsorgeterminen sind zusätzliche Kontrollen vorgesehen, zum Beispiel eine Ultraschalluntersuchung der Hüften oder eine spezielle Augenuntersuchung, die dann meist von den jeweils entsprechenden Fachärzten durchgeführt werden. Eventuell anstehende Impfungen (siehe Seite 126) können ebenfalls beim Vorsorgetermin durchgeführt werden.
Die Kosten für die Vorsorgeuntersuchungen übernimmt die Krankenkasse, es fällt auch keine Praxisgebühr an. Für Ihre Kinder sind Sie außerdem von der Zuzahlung für Medikamente befreit.

Ein sinnvolles Angebot unseres Gesundheitssystems

Derzeit besteht noch keine gesetzliche Pflicht zur Wahrnehmung der Vorsorgeuntersuchungen. Es ist jedoch sehr sinnvoll, diese Termine zu nutzen, denn als erfahrener Profi kann der Kinderarzt die Entwicklung Ihres Babys nur dann sicher begleiten und beurteilen, wenn er es regelmäßig und in sinnvollen Abständen sieht. Im frühen Kindesalter können Abweichungen und Auffälligkeiten in der Entwicklung außerdem noch einfacher behandelt werden als zu einem späteren Zeitpunkt.

Nehmen Sie die Vorsorgeuntersuchungen beim Kinderarzt regelmäßig wahr, um sicherzugehen, dass sich Ihr kleiner Liebling optimal entwickelt.

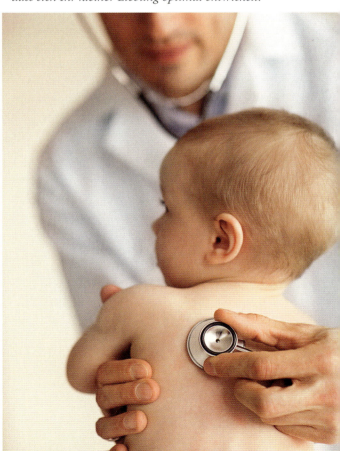

Wann zum Arzt?

Die vorgesehenen Zeitfenster für die Vorsorgeuntersuchungen U1 bis U9 und J1 sind auf dem Einband des gelben Untersuchungsheftes Ihres Kindes aufgedruckt. Außerdem sollten Sie immer dann mit Ihrem Kind zum Kinderarzt gehen, wenn Ihr Kind Fieber hat (ab 38,0 °C), wenn es erbricht oder Durchfall hat, wenn Probleme mit der Atmung auftreten oder sich andere Auffälligkeiten zeigen, die Sie sich nicht erklären können oder die Sie beunruhigen. Auch bei leichten Erkrankungen Ihres Kindes, die sich trotz der ergriffenen Maßnahmen nicht bessern (zum Beispiel bei Erkältungen), sollten Sie Ihren Kinderarzt um Rat fragen.

Den Kinderarztbesuch vorbereiten

Lassen Sie sich zur Routineuntersuchung einen Termin geben, der den Tagesablauf der Familie so wenig wie möglich aus dem Takt bringt. Schreiben Sie vor dem Besuch beim Kinderarzt auf, was Sie ihn fragen wollen, damit Sie nichts Wichtiges vergessen. Notieren Sie auch Meilensteine in der Entwicklung Ihres Babys: Wann hat es sich zum ersten Mal gedreht, seit wann kann es krabbeln und Ähnliches.

Wenn Sie den Kinderarzt wegen einer Erkrankung oder Auffälligkeit aufsuchen, sind Notizen über Beobachtungen, die Sie an Ihrem Kind gemacht haben, hilfreich. Fragen Sie nach, wenn Sie Erklärungen nicht verstehen oder wenn Sie anderer Meinung sind. Nicht vergessen: Kinderuntersuchungsheft, Impfpass, Versichertenkarte.

Babys Hausapotheke

Kleinere Beschwerden können Sie natürlich auch zu Hause kurieren. Welche Medikamente Sie Ihrem Baby im Bedarfsfall verabreichen können oder wollen, besprechen Sie am besten mit Ihrem Kinderarzt oder Heilpraktiker. In die Kinderapotheke für die Kleinsten gehören auf jeden Fall:

- physiologische Kochsalzlösung als Nasentropfen (sterile Einzeldosen),
- zinkoxyd- oder panthenolhaltige Wundsalbe und eine Fettcreme,
- eine Kinder-Nagelschere,
- ein digitales Fieberthermometer,
- Alkohol zum Reinigen des Thermometers vor und nach der Benutzung,
- Pflaster in verschiedenen Größen,
- sterile Mullkompressen und Mullbinden,
- eine Splitterpinzette,
- eine Kalt-Warm-Kompresse,
- Fencheltee,
- Fieberzäpfchen,
- Elektrolyt-Zuckerlösung bei starkem Durchfall,
- ein Zettel mit Notrufnummern – Kinderarzt, Notarztzentrale, Giftnotruf – innen an der Tür und im Nummernspeicher Ihres Mobiltelefons.

Nähe schenken, sich helfen lassen

Wenn Ihr Kleines sich nicht wohlfühlt, versuchen Sie, seine Bedürfnisse zu erkennen und darauf einzugehen. Bleiben Sie bei ihm, beobachten Sie Ihren kleinen Patienten und zeigen Sie ihm, dass Sie für ihn da sind. Scheuen Sie sich nicht, bei Unsicherheiten Ihren Kinderarzt um Rat zu fragen, oft geht dies fürs Erste telefonisch.

Mit einem kranken Baby benötigen Sie noch ein wenig mehr Geduld als sonst. Wenn es möglich ist, nehmen Sie sich nichts anderes vor und lassen Sie sich selbst von Freunden, Bekannten oder Ihrer Familie unterstützen. Trotz aller Sorge ums Kind tut es Ihnen gut, wenigstens eine Stunde am Tag auch mal etwas anderes zu tun oder mit einem Erwachsenen über andere Themen zu sprechen.

So verabreichen Sie Ihrem Baby Medikamente

- Geben Sie Ihrem Kind nur ein Medikament, wenn dies unvermeidlich ist. Der kleine Organismus sollte Infektionen möglichst selbst bekämpfen und die wichtigen Abwehrkräfte aufbauen.
- Falls Sie doch einmal zu einem Arzneimittel greifen müssen, halten Sie sich unbedingt an die vorgeschriebene Dosiermenge und -häufigkeit.
- Flüssigkeiten geben Sie nur tropfenweise auf einem Babylöffelchen. Sonst kann Ihr Kind sich verschlucken und durch Prusten und Husten alles wieder ausspucken.
- Tabletten sollten Sie zerkleinern und mit einem Löffelchen Muttermilch oder Flaschennahrung vermischen.
- Wenn Sie Ihr Kind gleich nach der Medikamentengabe anlegen oder ihm Tee anbieten, wird es eine spätere Einnahme leichter tolerieren.
- Homöopathische Globuli sind auch bei Babys sehr beliebt, weil sie süß schmecken. Bei Säuglingen unter einem Jahr lösen Sie die Globuli auf einem Plastiklöffel mit Muttermilch oder Wasser auf (Metalllöffel verändern möglicherweise die Wirkung der Arznei). Halten Sie die Kügelchen auch nicht in der Hand, da der Wirkstoff meistens nur auf der Oberfläche aufgesprüht und deshalb schnell löslich ist. Verabreichen Sie die Arznei mit einem kleinen Abstand vor der nächsten Mahlzeit.
- Ohren-, Augen- und Nasentropfen wärmen Sie zuvor in einem Wasserbad kurz auf Körpertemperatur an. Beachten Sie das Verbrauchsdatum und entsorgen Sie mögliche Reste gleich nach dem überstandenen Infekt.
- Zäpfchen gleiten leichter in den After, wenn sie vorher mit einer kleinen Portion Fettcreme bestrichen werden.

Gehen Sie mit Ihrem Baby täglich ins Freie, damit sein Körper Vitamin D bilden kann, doch setzen Sie es keiner direkten Sonnenbestrahlung aus.

den Knochenbau des Kindes ab, um eine beginnende Rachitis sofort feststellen zu können und gegebenenfalls Vitamin D zu verordnen.

Vitamin D über die Muttermilch

Wenn Sie stillen, bekommt Ihr Baby Vitamin D über die Muttermilch mit – vorausgesetzt, Sie haben selbst genügend von diesem Vitamin. Ernähren Sie sich Vitamin-D-reich (Vitamin D steckt vor allem in Seefisch, Milchprodukten und Eiern) und tanken Sie täglich Sonnenlicht. Das macht Ihre Knochen stark und Ihre Muttermilch noch wertvoller!

Fluoridgabe

Vor dem sechsten Lebensmonat empfiehlt die Deutsche Gesellschaft für Zahn-, Mund- und Kieferheilkunde keine Einnahme von Fluoridtabletten zur Kariesprophylaxe. Nach neueren wissenschaftlichen Erkenntnissen schützt die Anwendung von fluoridhaltiger Zahncreme besser. Mit dem Durchbruch des ersten Milchzahns sollte deshalb einmal täglich mit einer erbsengroßen Menge fluoridhaltiger Kinderzahnpasta (maximal 0,05 Prozent Fluorid) geputzt werden. Am besten geht das mit einem Zahnputzfingerling aus weicher Mikrofaser. Auf Zahnpasta mit Fruchtgeschmack sollten Sie allerdings verzichten, damit Ihr Kind diese nicht verschluckt. Ab dem zweiten Geburtstag werden die Zähnchen zweimal täglich mit der Zahnbürste gründlich von den Eltern gereinigt.

Vitamin-D-Versorgung fürs Neugeborene

Ein Mangel an Vitamin D kann bei Babys zu einer Rachitis (Knochenerweichung) führen. Um dies zu verhindern, wird die tägliche Gabe von Vitamin D für alle Neugeborenen empfohlen. Allerdings kann der Körper Vitamin D auch selbst bilden, wenn er regelmäßig am Tageslicht ist. Empfohlen wird die Gabe von Vitamin D für alle Babys, speziell jedoch für »Winterkinder«, die im Vergleich zu Sommerbabys meist seltener an die Sonne kommen. Die Vitamin-D-Tablette können Sie am besten verabreichen, indem Sie sie in etwas Wasser auf einem kleinen Plastiklöffel auflösen und Ihrem Baby diese Flüssigkeit vor dem Stillen beziehungsweise vor der Flasche geben. Das mag für die Kleinen anfangs noch etwas ungewohnt sein, die meisten Babys gewöhnen sich aber schnell daran.

Alternativen zur Tablette

Falls Sie Ihrem Kind die Vitamin-D-Tabletten nicht geben möchten, sollten Sie täglich an die frische Luft und ans Sonnenlicht gehen (bitte aber keine direkte Sonnenbestrahlung!), denn so kann sich das Vitamin D im Körper des Kindes auf natürliche Weise bilden. Außerdem ist es empfehlenswert, regelmäßig zu einer sogenannten Rachitis-Vorsorge zu gehen. Hierbei tastet der Kinderarzt

Wenn Ihr Baby öfter mit gespreizten Beinchen im Tragetuch sitzen darf, ist das nur gut für seine gesunde Hüftentwicklung.

Hüftproblemen vorbeugen

Etwa zwei bis vier Prozent aller Neugeborenen kommen mit einer Entwicklungsstörung der Hüftpfanne auf die Welt, Mädchen fünfmal häufiger als Jungen. Weil die Hüftgelenke in den ersten Lebensmonaten noch sehr leicht formbar sind, können Sie für die gesunde Entwicklung selbst viel tun:

- Legen Sie Ihr Baby, wenn es wach ist, häufig auf den Rücken, damit es frei strampeln kann.
- Wickeln Sie es breit, das heißt, Sie legen eine zusätzliche, doppelt gefaltete Windel oder ein Moltontuch (zirka 15 Zentimeter breit) ins Wickelpaket, damit die Beinchen in gespreizter Haltung liegen.
- Tragen Sie Ihr Baby oft mit breit gespreizten Beinchen im Tragetuch oder Tragesack vor Ihrem Bauch. Achten Sie dabei aber unbedingt darauf, dass seine Wirbelsäule gestützt ist und nicht durchhängt.

DIE ÄRZTLICHE BEHANDLUNG VON HÜFTGELENKSERKRANKUNGEN

Wesentlichste Voraussetzung für eine erfolgreiche Behandlung ist die korrekte und frühzeitige Diagnose. Bei einer Hüftgelenksdysplasie handelt es sich meist um eine Reifungsstörung, bei der die Hüftgelenkspfanne zu klein oder zu steil angelegt ist, sodass der Hüftkopf nur unzureichend überdacht wird. Diese Fehlbildung behandelt man heute sehr erfolgreich mit einer Spreizhose. Durch die Beugung und Spreizung der Beinchen wird der Oberschenkelkopf in der Hüftpfanne zentriert und entlastet. Bei mehr als 90 Prozent der Kinder mit einfacher Hüftdysplasie führt eine drei- bis sechsmonatige Therapie mit einer Spreizhose zu einer normalen Entwicklung der Hüften. Ist allerdings bereits eine Hüftluxation eingetreten, wodurch der Gelenkkopf immer wieder aus der Gelenkpfanne herausrutscht, ist für mehrere Wochen ein spezieller Gipsverband oder sogar ein operativer Eingriff erforderlich. Auch zusätzliche Behandlungen mit speziellen Hüftschienen sind dann oftmals notwendig.

Zeichen fürs Zahnen erkennen

Lange bevor die ersten Zähnchen sichtbar werden, spüren Babys schon ihr Einschießen. Oft stecken sie dann das Fäustchen in den Mund, weil es schmerzlindernd ist, auf etwas herumzubeißen. Bis die ersten Zähnchen sichtbar werden, kann es trotzdem noch eine Weile dauern. Auch eine erhöhte Speichelproduktion und ständiges »Sabbern« sind Anzeichen für das Zahnen und hängen mit dem dauernden Kauen zusammen. Durch die gesteigerte Speichelmenge werden Keime in der Mundhöhle rascher ausgeschwemmt und das empfindliche Zahnfleisch so vor einer Entzündung geschützt. Außerdem stellt sich der Organismus Ihres Babys parallel zum Zähnekriegen auf festere Nahrung ein. Um diese gut verdauen zu können, braucht es mehr Speichel.

Binden Sie Ihrem Kind eine Weile tagsüber ein kleines Halstuch um. Das Tuch können Sie einfach wechseln, wenn es nass ist, und der Pulli bleibt trocken.

Hilfe bei Zahnungsschmerzen

Vielen Kindern hilft Beißen auf einem gekühlten Beißring, einem Esslöffel oder auf Veilchenwurzel (Apotheke). Der Beißring sollte keine Weichmacher enthalten und nur im Kühlschrank gekühlt werden, nicht im Eisfach. Er kann sonst mit der Mundschleimhaut verkleben, zu Erfrierungen und Verletzungen führen. Beim Zahnen ist das kindliche Immunsystem ohnehin belastet. Ein zusätzlicher Kälteschock könnte eine Erkältung mit anschließender Ohren- oder Halsentzündung zur Folge haben. Tagsüber lassen sich zahnende Kinder oft ablenken, bei Nacht ist das schwieriger. In der Apotheke bekommen Sie homöopathische Mittel für den Akutfall und schmerzlindernde Tinkturen, die Sie abends aufs Zahnfleisch pinseln. Sobald die ersten Zähnchen da sind, sollten sie mindestens zweimal täglich mit einem Zahnpflegefingerling oder einem weichen Läppchen geputzt werden. Zahnpasta ist in der ersten Zeit noch nicht notwendig.

Zahnpflege: ab jetzt!

Gewöhnen Sie Ihr Baby schon vor dem Durchbruch der Zähne an Zahnpflege: Eine Zahnputz-Lernbürste hat anstelle von Borsten kleine Noppen, die das Zahnfleisch sanft massieren. Gerade zahnende Kinder genießen dies meist. Lassen Sie Ihr Baby zuschauen, wie Sie selbst die Zähne putzen, und geben ihm gleichzeitig seine Zahnbürste in die Hand. Es wird Sie mit Begeisterung nachahmen, auch wenn das eigentliche Putzen Sie übernehmen müssen: Bis zum Schulalter sind Kinder noch nicht in der Lage, dies verlässlich und gründlich zu tun. Lassen Sie Ihr Kind nicht dauernd an der Flasche nuckeln, das ständige Umspülen auch mit zuckerfreier Flüssigkeit schadet dem Zahnschmelz. Nehmen Sie nichts in den Mund, das Sie dem Baby in den Mund stecken wollen, sonst übertragen Sie Karieserreger Ihrer Mundflora auf die Ihres Kindes.

Vorbeugen beim allergiegefährdeten Baby

Für das allergiegefährdete Baby ist es wichtig, äußere Einflüsse, die sein noch unreifes Immunsystem überlasten könnten, gering zu halten. Dazu gehören Klimaeinflüsse, Medikamente, Gifte und Stress, aber auch reizende Stoffe und Allergene, wie Duft-, Farb- und Konservierungsmittel, Tierhaare, Hausstaub(milben), Schimmelpilze, Pollen,

Nickel und zahlreiche Nahrungsmittel. Praktisch heißt das:

- ♥ Stillen Sie Ihr Baby mindestens sechs Monate voll. Geben Sie im ersten Halbjahr keinerlei Beikost und füttern Sie auf keinen Fall kuhmilch- oder sojahaltige Nahrung zu.
- ♥ Pflegeprodukte sollten dermatologisch getestet sein und nur wenige, aber hochwertige natürliche Inhaltsstoffe haben. Verzichten Sie vorerst auf parfümierte Produkte, auch auf natürliche Duftstoffe wie ätherische Öle. Wechseln Sie die Produkte nicht ständig; dadurch entstehen viel schneller und leichter Hautirritationen oder sogar Allergien.
- ♥ Verwenden Sie ungebleichte Windeln, bevorzugen Sie geprüfte Naturmaterialien für die Kleidung Ihres Kindes.
- ♥ Halten Sie keine Haustiere.
- ♥ Vorhänge und Teppiche sind im Babyzimmer tabu, frische Luft ist ein Muss: Lüften Sie oft und gründlich.

Lesen Sie auch noch einmal den entsprechenden Abschnitt Seite 45).

Bello und Miezi dürfen bleiben

Eltern mit einem Vierbeiner im Haushalt fragen manchmal, ob sie Hund oder Katze nun weggeben müssten oder ob das Haustier das Baby sogar gefährde. Doch das muss nicht sein: Lassen Sie Ihre »Mitbewohner« regelmäßig vom Tierarzt untersuchen. Entwurmen Sie sie vierteljährlich. Wenn Sie zusätzlich Flöhe und andere Parasiten erfolgreich bekämpfen, geht von Haustieren kaum infektiöse Gefahr aus – alltägliche Vorsichtsmaßnahmen wie regelmäßiges Händewaschen vorausgesetzt. Bringen Sie Ihrem Hund bei, dass er das Baby nicht abschlecken darf, vor allem nicht im Gesicht. Passiert es doch, reicht es, wenn Sie Ihrem Kind danach das Gesicht mit einem warmen, feuchten Waschlappen abwaschen. Millionen von Kindern haben sich von ihrem vierbeinigen Freund solche Liebkosungen gefallen lassen. Sie sind heute bei bester Gesundheit. Babybett, Krabbeldecke und Kinderwagen sind für Hund und Katze tabu. Seien Sie konsequent. Für Ihr Krabbelbaby sollten das Katzenklo und die keksähnlichen Crockets in den Näpfen unerreichbar sein.

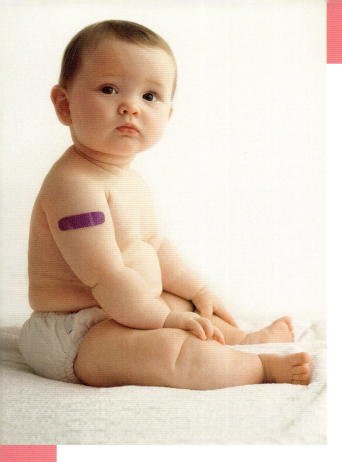

Was passiert bei einer Schutzimpfung?

Beim Impfen werden dem Körper abgeschwächte oder abgetötete Krankheitserreger verabreicht, um eine Immunreaktion auszulösen. Der Geimpfte soll, ohne wirklich zu erkranken, Antikörper gegen die Krankheit bilden, die ihn im Fall einer Ansteckung vor den »echten« Erregern schützen. Manche Impfungen müssen mehrfach verabreicht werden, bevor sie sicher wirken.

Hitzige Impfdebatte

Die Frage, ob man sein Baby impfen lassen soll oder nicht, wird von Befürwortern wie Gegnern derzeit gleichermaßen polemisch geführt: Während die einen im Nichtimpfen eine fahrlässige Körperverletzung am Kind und einen Schaden für die Gesellschaft sehen, betrachtet die andere Seite das Impfen als eine bewusste Gesundheitsgefährdung des Kindes. Und beides ist nicht von der Hand zu weisen: Alle Impfungen haben wesentliche Vor- und Nachteile.

Ihre Einschätzung zählt!

In Deutschland besteht keine Impfpflicht. Nur Sie als Eltern können die Frage beantworten, ob Sie Ihr Baby impfen lassen wollen. Wichtig ist, dass Sie sich ausführlich und möglichst umfassend durch den Kinderarzt beraten lassen – auch im Hinblick auf Alternativen. Bei der Entscheidungsfindung müssen auch und vor allem das Lebensumfeld des Kindes und Ihre eigene Einstellung zum Thema berücksichtigt werden. Wägen Sie ab, was Sie für richtig halten, und wie auch immer Sie sich entscheiden, treffen Sie Ihre Entscheidung ohne Angst oder schlechtes Gewissen!

IMPFUNGEN – GUT INFORMIERT SEIN

Ein Ungeborenes erhält über die Nabelschnur schützende Antikörper seiner Mama. Antikörper sind Abwehrstoffe gegen einzelne Erkrankungen, die ein Mensch im Laufe seines Lebens durchgemacht hat oder gegen die er sich hat impfen lassen. Der sogenannte Nestschutz wirkt für drei bis sechs Monate, dann sind die Antikörper der Mutter im Körper des Babys abgebaut. Ab jetzt muss das Immunsystem des Kindes selbst lernen: durch den Kontakt mit Viren, Bakterien und Co. Zwar gibt es über die Muttermilch noch eine Portion Antikörper, sie allein reichen aber zur Krankheitsabwehr nicht mehr aus.

Die Frage, ob Sie Ihr Kind impfen lassen oder nicht, können Sie nach einer Beratung durch den Arzt nur selbst beantworten. Fest steht: Impfungen haben Vor- und Nachteile.

Gesundheitsvorsorge fürs Baby

Impfen – Entscheidungskriterien

Informieren Sie sich, welche Krankheit(en) die Impfung verhindern soll, und stellen Sie folgende Fragen, bevor Sie sich entscheiden:
- Welchen Verlauf und welche Komplikationen kann diese Krankheit haben?
- Wie groß ist die Gefahr, dass das Kind wirklich an dieser Krankheit erkrankt, wie könnte die Erkrankung ohne Impfschutz behandelt werden?
- Um welche Art Impfstoff handelt es sich, welche und wie viele Einzelkomponenten enthält er?
- Wie lange hält der Schutz dieser Impfung an, sind Auffrischimpfungen nötig?
- Wie belastend ist die Impfung fürs Kind, und welche Nebenwirkungen können auftreten?

Wann soll man mit dem Impfen beginnen?

Die ständige Impfkommission (STIKO) am Robert-Koch-Institut sieht den Impfbeginn im zweiten Lebensmonat vor. Bei der Bundeszentrale für gesundheitliche Aufklärung können Sie einen Impfplan anfordern (www.bzga.de). Die meisten Kinderärzte richten sich mit ihren Empfehlungen danach, gehen aber auch auf individuelle Vorstellungen der Eltern ein. Viele Ganzheitsmediziner sehen aufgrund unseres hohen Lebens- und Hygienestandards keinen Grund, ein Kind vor Ende des ersten Lebensjahres zu impfen. Wenn Sie Haustiere haben, empfiehlt sich im Krabbelalter aber die Impfung gegen Diphtherie und Tetanus.

Nicht impfen bei …

Lassen Sie Ihr Kind keinesfalls impfen, wenn es akut erkrankt ist. Durch eine geschwächte Immunabwehr ist das Risiko für Impfkomplikationen wesentlich höher. Sind bei einer vorherigen Impfung bereits Komplikationen aufgetreten, sollten Sie mit Ihrem Kinderarzt besprechen, wie Sie weiter vorgehen möchten. Wenn Ihr Kind gegen einen Begleitstoff (Konservierung, Trägerstoff oder Ähnliches) allergisch ist, sollte diese Impfung nicht vorgenommen werden. Bei geschwächtem Immunsystem wie bei einer HIV-Infektion oder nach einer Chemotherapie darf generell nicht geimpft werden.

Mehrfach- oder Einzelimpfung?

Befürworter der Mehrfachimpfungen argumentieren, dass sich mit nur einem Piks Schutz gegen mehrere Krankheiten verabreichen lässt. Begleitstoffe, die oft der Grund für Nebenwirkungen sind, würden nur einmal gegeben. Befürworter der Einzelimpfungen halten dagegen, dass es für den kindlichen Organismus zu belastend ist, sich mit mehreren Erregern gleichzeitig auseinanderzusetzen. Individuelle Impfpläne lassen sich mit Einzelimpfstoffen leichter erstellen als mit den Mehrfachimpfstoffen. Nicht alle Impfungen sind ohne Weiteres als Einzelimpfstoff erhältlich. Beraten Sie sich mit Ihrem Kinderarzt, welche Impfungen Sie vornehmen lassen möchten, damit der entsprechende Impfstoff vorrätig ist, wenn Sie in die Praxis kommen.

Die Verhärtung kühlen

Nach der Impfung kann auf der Haut Ihres Kindes eine harte Stelle entstehen. Kühlen Sie diese mit einer Quarkauflage oder einem kleinen Coolpack. Nach einigen Tagen sollte die Verhärtung verschwunden sein. Falls sich ein roter Hof um die Einstichstelle bildet oder das Hautareal wärmer ist als das umliegende Gewebe, gehen Sie noch mal zum Kinderarzt.

HAUTPROBLEME LINDERN

Kaum etwas ist so zart wie Babyhaut. Über sie erfährt Ihr Kind den ersten intensiven Kontakt zu seiner Umgebung. Auch das erste Gefühl seiner eigenen Grenze erfährt ein Neugeborenes durch das sanfte Streicheln seiner Haut. Und noch bevor Ihr Baby Sie deutlich sehen kann, fühlt es Sie bereits.

Die Pflege des Säuglings dient vor allem der Gesunderhaltung und der Abwehr von Bakterien, die sich auf der Haut tummeln. Übertreiben Sie es dabei aber nicht, dies würde der zarten Babyhaut eher schaden.

Zur täglichen Hautpflege Ihres Kindes gehört liebevolles Streicheln (siehe auch Seite 72) unbedingt dazu. Zusammen mit dem Blickkontakt, Ihrer Nähe, Ihrer Stimme, Ihrer Körpersprache, Ihrem Geruch und Ihrer Wärme sind sanfte Berührungen für die Bindung zwischen Ihnen und Ihrem Baby ganz entscheidend.

Milien

In den ersten Tagen nach der Geburt sind die Schweiß- und Talgdrüsen vor allem in Babys Gesicht oft noch verstopft. Die kleinen weißen Pickelchen, die dann entstehen, heißen Milien. Sie sind kein Grund zur Sorge, denn sie verschwinden nach einigen Tagen ganz von allein. Drücken Sie bitte nicht daran herum, weil dies Entzündungen hervorrufen kann.

Neugeborenenakne

Dies ist eine Erscheinung, die etwa jedes zweite Baby betrifft und die meist innerhalb der ersten drei Lebensmonate von selbst abheilt. Ursache ist eine gesteigerte Empfindlichkeit der Talgdrüsen auf mütterliche Hormone, die in einer geringen Konzentration noch im Blut des Kindes zirkulieren. Falls diese harmlosen Pickel Sie aus kosmetischen Gründen stören, können Sie die Haut Ihres Babys mehrmals täglich vorsichtig mit lauwarmem Stiefmütterchentee (das Kraut bekommen Sie in der Apotheke) betupfen.

Neurodermitis vorbeugen

Leider ist das Risiko, an Neurodermitis zu erkranken, erhöht, wenn in der Familie bereits erblich bedingte Überempfindlichkeiten wie Neurodermitis, Heuschnupfen oder Asthma bestehen. Zur Vorbeugung können Sie aber eine Menge tun:

- Rauchen Sie nicht und bringen Sie Ihr Kind nicht in Kontakt mit Zigarettenrauch!
- Stillen Sie in den ersten sechs Monaten möglichst voll. Ist dies nicht möglich, geben Sie Ihrem Kind eine hypoallergene (HA-)Säuglingsnahrung.
- Ihr Kind sollte im ersten Jahr vorsorglich keine Kuhmilch, Eier, Nüsse und Zitrusfrüchte erhalten.
- Unterstützen Sie zugunsten eines stabilen Immunsystems die Entwicklung der gesunden Darmflora und ergänzen Sie die Ernährung Ihres Säuglings mit probiotischen Mikroorganismen. Dadurch verbessert sich die Abwehrkraft der Darmschleimhaut.
- Achten Sie auf einen rhythmischen und altersgerechten Tagesablauf und vermeiden Sie jegliches Zuviel an Sinneseindrücken.

Woran erkennt man Neurodermitis beim Baby?

Eine Neurodermitis tritt fast nie vor dem dritten Lebensmonat auf. Typisch sind nässende, flächige Rötungen der Haut mit Krustenbildung, vor allem im Gesicht, auf der Kopfhaut und an den Streckseiten der Arme und Beine. Der Windelbereich ist dagegen meist nicht betroffen. Die Kinder kratzen sich oft an den erkrankten Stellen. Für die Diagnose und Behandlung ist der Kinderarzt oder der Heilpraktiker zuständig.

Hat Ihr Kind Neurodermitis, können Sie ihm Babysöckchen über die Hände ziehen, dann kann es sich beim Kratzen nicht mit seinen Fingernägeln verletzen. Infektionen werden vermieden.

Allergiegefährdete Kinder sollten im ersten Lebensjahr keine Kuhmilch, Eier und Nüsse bekommen.

Milchschorf

Der »Milchschorf« hat seine Bezeichnung daher, dass er gelblichweiße Krusten auf der behaarten Kopfhaut bildet, die wie übergekochte Milch auf der Herdplatte aussehen. Mit einer Unverträglichkeit von Milch – wie es manchmal heißt – hat er nichts zu tun. Milchschorf bildet sich oft bei Flaschenkindern ab dem dritten Monat oder bei der Umstellung auf feste Nahrung. Manchmal kann Milchschorf Vorbote einer Allergie sein.
Halten Sie Babys Fingernägel kurz, damit es sich nicht kratzen kann. Achten Sie auf eine gute Pflege: Baden Sie Ihr Kind nicht zu häufig, damit die Haut nicht zusätzlich austrocknet. Verwenden Sie als Zusatz ein medizinisches Ölbad, das wirkt rückfettend. Cremen Sie Ihr Kind regelmäßig mit einer fetthaltigen Salbe ein und benutzen Sie nur Baumwollwäsche.
Weitere Pflegeanwendungen besprechen Sie am besten zuerst mit Ihrem Kinderarzt.

Bei Kopfgneis massieren Sie die Kopfhaut Ihres Kindes am besten mit einer weichen Bürste. Das regt die Durchblutung an.

Kopfgneis

Diese harmlose Hauterscheinung mit fettigen, weiß-gelben bis bräunlichen Schuppen ist bei Babys in den ersten Lebensmonaten sehr häufig. Ursache ist eine Überproduktion der Talgdrüsen, die sich bis zum ersten Lebensjahr aber meist von selbst reguliert.
Weichen Sie die Schuppen über Nacht mit etwas Mandelöl ein, am nächsten Tag lassen sie sich mit einem feinzinkigen Kamm vorsichtig lösen. Nach der Haarwäsche mit einem milden Babyshampoo können Sie die Kopfhaut mit einem weichen Babybürstchen sanft massieren, das fördert die Durchblutung und regt die Selbstregulation der Talgdrüsen an. Meist stört der Gneis aber die Eltern mehr als das Kind, er muss nicht unbedingt entfernt werden.

Sonnenbrand

Wenn Ihr Baby trotz aller Vorsicht einen Sonnenbrand mit leichter Rötung bekommen hat, schafft ein Bad in lauwarmem Wasser, dem Sie den Saft

Insektenstiche lassen sich gut mit Zitronensaft behandeln: Alle zwei bis fünf Minuten die betroffene Hautstelle damit abtupfen.

einer unbehandelten Zitrone zugeben, sofortige Linderung. Oder Sie tränken ein Gästehandtuch mit verdünnter Calendulaessenz (einen Esslöffel auf 0,25 Liter abgekochtes Wasser geben), wringen es aus und legen es mehrmals für 10 bis 15 Minuten auf die betroffenen Stellen. Ihr Baby darf währenddessen auf keinen Fall frieren. Ebenfalls hilfreich: messerrückendick Magerquark auf die betroffenen Hautareale streichen. Der Quark muss Zimmertemperatur haben, sonst entzieht er dem Körper zu viel Wärme.

Bei jedem stärkeren Sonnenbrand oder Symptomen wie Schwellungen, Blasen, Fieber, Erbrechen oder Unruhe müssen Sie sofort den Kinderarzt kontaktieren. Achten Sie darauf, dass Ihr Kind viel trinkt, sonst besteht die Gefahr, dass es sehr schnell austrocknet.

Insektenstiche

Nach einem Bienen-, Wespen- oder gar Hornissenstich ist der Schreck zuerst oft größer als der Schmerz. Versuchen Sie zunächst, Ihr Kind zu beruhigen. Wenn der Stachel noch steckt, entfernen Sie ihn vorsichtig mit einer Pinzette. Bei einem Bienenstich achten Sie bitte darauf, den anhängenden Giftsack nicht zu berühren.

Je schneller ein Stich behandelt wird, desto geringer sind die Folgen. Reiben Sie ihn sofort mit dem Saft einer frisch angeschnittenen Zwiebel ein, dann legen Sie eine frische, dicke Zwiebelscheibe auf und fixieren das Ganze mit Pflaster oder Mullbinde. Oder Sie betupfen den Stich alle zwei bis fünf Minuten mit reinem Obstessig, Zitronensaft oder einer starken Salzlösung: einen Teelöffel Salz auf ein Glas kaltes Wasser. Wenn die Einstichstelle stark geschwollen ist, helfen Auflagen mit Quark oder Heilerde.

Sofort zum Arzt!

Gehen Sie bei einem Insektenstich sofort zum Arzt, wenn Ihr Kind in Zunge, Mund oder Rachen gestochen worden ist. Geben Sie ihm in der Zwischenzeit Eiswürfel zu lutschen und kühlen Sie den Hals äußerlich mit einer Quarkkompresse. Das Gewebe der gut durchbluteten Schleimhäute schwillt in diesen Körperbereichen sehr stark an. Die Schwellung kann die Atmung stark beeinträchtigen und sogar einen lebensbedrohlichen Zustand hervorrufen. Auch bei allergischen Reaktionen wie Rötung oder Quaddelbildung am gesamten Körper müssen Sie unverzüglich einen Arzt aufsuchen.

ERKÄLTUNG UND FIEBER BEHANDELN

In den ersten Monaten seines Lebens ist Ihr Baby durch die mütterlichen Antikörper gegen viele Krankheiten gewappnet. Mit der Zeit verringern sich diese Leih-Antikörper, Infekte der Atemwege und fieberhafte Abwehrreaktionen häufen sich. So lernt das kindliche Immunsystem, mit verschiedenen Krankheitserregern fertig zu werden.

Bei vielen unkomplizierten Erkrankungen im Kindesalter, wie zum Beispiel virusbedingten Erkältungskrankheiten, gibt es sanfte Hilfen aus der Natur und einfache Hausmittel. Bessern sich die Beschwerden Ihres Kindes dadurch jedoch nicht, sollte es unbedingt zum Arzt – je jünger, desto früher. Gerade in der Kinderheilkunde gewinnen seriöse Naturheilverfahren wie die Homöopathie oder die Pflanzenheilkunde eine immer größere Bedeutung. Auch mit den sanften Therapieansätzen gibt es im Kindesalter häufig rasch eine Linderung der Beschwerden.

260

Bei Schnupfen und verstopfter Nase

Als beste Medizin gegen Schnupfen wirken die Abwehrstoffe aus der Muttermilch: Falls Sie (noch) stillen, streichen Sie vor jeder Stillmahlzeit etwas Milch aus Ihrer Brust auf einen Teelöffel aus und träufeln Ihrem Baby anschließend ein paar Tropfen davon in jedes Nasenloch. Ansonsten können Sie physiologische Kochsalzlösung (aus der Apotheke) verwenden.

Um Babys Nase von aufgeweichten Borken und Schleim zu befreien, zwirbeln Sie die Spitze eines Zellstofftuchs zusammen und gehen vorsichtig mit einer leichten Drehbewegung circa einen Zentimeter tief in das Näschen. Mit einer Drehbewegung in die entgegengesetzte Richtung ziehen Sie das Tuch mit den »geangelten« Borken langsam wieder heraus. Verwenden Sie keine Wattestäbchen: Die Verletzungsgefahr ist zu groß. Stellen Sie Ihr Kind warm eingemummelt im Kinderwagen an die Luft oder machen Sie einen ausgedehnten Spaziergang mit ihm. So viel frische Luft mögen die Schnupfenviren nicht. Wie bei allen Erkrankungen, die mit einer vermehrten Schleimbildung einhergehen, sollten Sie Ihrem Kind, auch wenn es Schnupfen hat, viel zu trinken geben.

Öle in Duftlampen oder Verneblern verzichten Sie besser vorerst, manche Öle lösen allergische Reaktionen aus.

Sehr hilfreich, sanft und unkompliziert in der Anwendung ist eine Bienenwachsauflage, die über Nacht angelegt bleiben kann und schnelle Linderung verspricht. Eine Bezugsadresse finden Sie auf Seite 157.

Zwiebelsöckchen aufhängen

Damit können Sie das Abschwellen der Schleimhäute auf natürliche Weise unterstützen: Sie schälen und würfeln eine mittelgroße Zwiebel, geben sie in ein Babystrümpfchen, binden dieses zu und hängen es über der Wiege oder dem Bettchen auf.

Bei starkem Husten

Gehen Sie so bald wie möglich zum Kinderarzt! Bei einem akuten Hustenanfall nehmen Sie Ihr Kind auf den Arm und sorgen für kühle Luft: Treten Sie mit ihm ans offene Fenster oder setzen Sie sich fünf Minuten vor den geöffneten Kühlschrank (Achtung, Baby trotzdem warm halten!). Das ist zwar nicht unbedingt ökologisch korrekt, hilft aber rasch beim Abschwellen der Atemwege. Bleiben Sie selbst möglichst ruhig und reden Sie besänftigend mit Ihrem Kind, damit es wegen der Atemnot nicht auch noch Angst bekommt.

Bei schweren Hustenattacken verschlucken Säuglinge und kleine Kinder häufig Schleim, sodass sie erbrechen müssen. Auf diese Weise werden sie das schwer verdauliche, bakterienhaltige Sekret auf schnellstem Wege wieder los.

Hausmittel gegen Husten

Ihr hustendes Baby sollte viel trinken, damit der Schleim sich lösen kann. Wenn möglich, stillen Sie es häufiger oder bieten Sie Fencheltee an. Geben Sie ihm noch keine Hustentee-Mischungen, da Säuglinge auf bestimmte Pflanzenteile allergisch reagieren können. Hängen Sie in der Nähe von Wiege oder Bettchen einige feuchte Tücher auf, damit die Raumluft nicht zu trocken ist. Auf den Zusatz ätherischer

264

Brustauflagen gegen Erkältung

Legen Sie Ihrem erkälteten Baby eine angewärmte Stoffwindel oder eine Bienenwachsauflage (Bezugsadresse siehe Seite 157) auf die Brust, lüften Sie mehrmals täglich gründlich und hängen Sie feuchte Tücher im Raum auf. Beim Baby sollten Sie mit Einreibemitteln, die ätherische Öle enthalten, vorsichtig sein. Sie können die Atemwege zusätzlich reizen und allergische Reaktionen auslösen. Verwenden Sie auf keinen Fall Präparate, die Eukalyptus, Kampfer oder Menthol enthalten, da diese gefährliche Krämpfe der Atmungsorgane verursachen können.

265

Kein Honig fürs erkältete Baby!

Das altbewährte Hausmittel, mit in warmer Flüssigkeit gelöstem Honig einen gereizten Hals zu beruhigen, sollten Sie auf keinen Fall bei Ihrem Baby anwenden. Honig enthält in sehr seltenen Fällen ein Bakterium namens Chlostridium botulinum, das bei Kindern im ersten Lebensjahr zu ernsten Gesundheitsstörungen führen kann. Später sind der Darm und das Immunsystem des Kindes reif genug, um mit diesem Keim fertig zu werden.

266

Wohlige Wärme und frische Luft

Babys können ihre Körpertemperatur noch nicht selbstständig regulieren. Deshalb ist das noch unreife Immunsystem bei einem Wärmeverlust recht anfällig für Erkältungsviren. Schützen Sie Ihr Baby gut vor Zugluft. Über den Kopf verlieren Babys besonders viel Wärme. Setzen Sie Ihrem Kind ein Mützchen auf, das auch die Ohren bedeckt, und sorgen Sie dafür, dass die Füßchen immer warm sind. Mummeln Sie Ihr Baby richtig warm ein und lassen Sie es möglichst oft tagsüber an der frischen Luft schlafen. Und in der Wohnung wird selbstverständlich nicht geraucht!

267

Bei Bindehautentzündung

Verklebte Augen sind eine häufige Begleiterscheinung bei Erkältungen. Reinigen Sie bei einer solchen Bindehautentzündung das Auge mehrmals täglich vorsichtig mit einer Augentrost-Kompresse vom äußeren Lidrand zur Nasenwurzel. In der Apotheke erhalten Sie sterile Einzeldosispipetten des bewährten Arzneimittels. Wechseln Sie die Kopfwindel im Bettchen, das Spucktuch und die Wickelauflage mehrmals täglich, damit Ihr Kind sich nicht von Neuem ansteckt. Wenn sich innerhalb von zwei Tagen keine Besserung zeigt oder wenn das Sekret eitrig ist, gehen Sie bitte mit Ihrem Kind zum Kinderarzt.

Manchmal haben Babys auch verklebte Augen, weil ihr Tränenkanal noch verengt ist. Dies wächst sich meistens innerhalb des ersten Lebensjahres aus. Bei andauernden Entzündungen kann der Kinderarzt den Tränengang jedoch auch mit einer kleinen Sonde weiten.

268

Bei Mittelohrentzündung

Berührungsempfindlichkeit an den Ohren oder das unruhige Hin- und Herdrehen des Kopfes sind bei Babys häufig Zeichen für Ohrenschmerzen. Die Ohrtrompete, so heißt die Röhre, die das Mittelohr mit der Mundhöhle verbindet, ist bei Kleinkindern noch relativ kurz. Bakterien aus dem Nasen-Rachen-Raum kommen so schnell ins Innere des Ohres. Durch eine Infektion schwellen die Schleimhäute der Ohrtrompete an, verschließen das Mittelohr und das Sekret staut sich. Auf diesem Nährboden können sich Bakterien gut vermehren. Je

Erkältung und Fieber behandeln

nach Schwere der Infektion kann eine Ohrentzündung sehr schmerzhaft sein. Drücken Sie kurz auf den vorderen Ohrknorpel Ihres Kindes: Dreht es seinen Kopf weg, verzieht es schmerzerfüllt das Gesicht oder fängt zu weinen an, können Sie sicher sein, dass eine Mittelohrentzündung vorliegt.

Zum Arzt!

Meist ist eine Belüftungsstörung des Ohres durch einen vorangegangenen Schnupfen oder eine Virusgrippe die Ursache für Mittelohrentzündung. Auch während des Zahnens kommt es durch die Schwellung vermehrt zu Ohrentzündungen. Manchmal findet sich auf dem Kopfkissen bräunlich-gelbliches Sekret, das auch mit Spuren von Blut vermischt sein kann. Das ist ein Hinweis auf eine eitrige Mittelohrentzündung. Suchen Sie bitte unbedingt Ihren Kinderarzt auf! Treten Ohrentzündungen ständig auf, können auch Nasenpolypen oder vereiterte Rachenmandeln die Ursache sein.

Ohrenschmerzen lindern

Als erste und wichtigste Maßnahme gegen Ohrenschmerzen stellen Sie die gestörte Belüftung des Innenohres wieder her. Das geschieht am besten, indem Sie Ihrem Kind vier- bis sechsmal am Tag einige Tropfen physiologische Kochsalzlösung (Apotheke) oder Muttermilch mit einer Pipette in die Nase (bitte nicht in das Ohr!) träufeln.

Zwiebelsäckchen – so geht's

Eines der ältesten Hausmittel ist das Zwiebelsäckchen. Es wirkt schmerzstillend, abschwellend und entzündungshemmend. Sie benötigen dazu:
- eine kleine Zwiebel,
- ein Stofftaschentuch und Heftpflaster/Bindfaden oder einen Trikot-Schlauchverband,
- etwas Baumwollwatte,
- Wärmflasche und Plastiktüte,
- Mützchen, Stirnband oder Schal.

Schälen Sie die Zwiebel und schneiden Sie sie klein. Verteilen Sie die Zwiebelstückchen so auf dem Taschentuch, dass durch Einschlagen eine Rolle entsteht. Die Enden und die Seite binden Sie zu, damit keine Stückchen herausfallen können. Noch einfacher ist es, ein Stück Schlauchverband zu verwenden, das mit den Zwiebeln locker gefüllt und an den Enden zugebunden wird. Nun stecken Sie das Zwiebelsäckchen in die Plastiktüte (die Wärmflasche würde sonst den Zwiebelgeruch annehmen) und erwärmen es zusammen mit der Watte auf der Wärmflasche oder auf einem umgedrehten Topfdeckel über Wasserdampf. Legen Sie das erwärmte Zwiebelsäckchen Ihrem Kind von der Schläfe aus um die gesamte Ohrmuschel herum. Der Knochenanteil hinter dem Ohr sollte unbedingt mit einbezogen werden. Decken Sie das Zwiebelsäckchen mit der warmen Watte ab und befestigen Sie das Ganze mit einem Mützchen, Stirnband oder Schal. Lassen Sie das Säckchen 30 bis 60 Minuten liegen und wiederholen Sie die Anwendung bei Bedarf zwei- bis dreimal täglich, mit anschließender Nachtruhe (bitte jedes Mal ein frisches Säckchen herstellen!).

IST FIEBER FÜR EIN BABY GEFÄHRLICH?

Die normale Körpertemperatur liegt bei 36,5 bis 37 °C. Bis 38 °C spricht man von erhöhter Temperatur, ab 38 °C von Fieber. Über 41 °C wird es lebensbedrohlich! Das Symptom Fieber zeigt im Prinzip einen nützlichen körpereigenen Heilungsvorgang an: Mit der Erhöhung der Körpertemperatur werden alle Stoffwechselvorgänge auf Hochtouren gebracht. Das Immunsystem ist in höchste Alarmbereitschaft versetzt und kann jetzt Krankheitserreger schnell bekämpfen. Die hohe Temperatur unterstützt außerdem die Abtötung von Bakterien, Viren und anderen Keimen, sie können sich nicht mehr so leicht vermehren. Die Höhe des Fiebers ist nicht gleichzusetzen mit der Schwere der Erkrankung. Kinder fiebern häufig und oft hoch, weil ihr Abwehrsystem viele Umweltkeime erst kennenlernen muss. Bei Babys ist die Ursache einer fieberhaften Erkrankung für Eltern anfangs schwer einzuschätzen. Bei einer rektal (im After) gemessenen Temperatur über 38,5 °C sollte Ihr Kind unbedingt zum Kinderarzt.

VERSCHIEDENE PHASEN DES FIEBERNS

Der Verlauf des Fiebers lässt sich in drei Stadien einteilen:

- Im Fieberanstieg hat Ihr Kind eine warme Stirn, sein Kopf fühlt sich heiß an. Der übrige Körper und insbesondere Hände und Füße sind aber noch kühl. Vielleicht fröstelt oder friert Ihr Kind sogar. Das hängt damit zusammen, dass die Körpertemperatur im Inneren nicht mit der Temperatur an der Körperoberfläche übereinstimmt. Der Organismus versucht dann, den Unterschied durch Zittern und Gänsehaut auszugleichen. Halten Sie jetzt Ihr Baby warm.
- Im Fieberstau glühen die Wangen, Kopf und Körper fühlen sich einheitlich heiß an. Ihr Kind atmet vielleicht etwas schneller, sein Puls ist beschleunigt und es fühlt sich richtig krank. Jetzt möchte der Körper das Zuviel an Wärme abgeben. Um die Temperatur zu senken, machen Sie einen Pulswickel (siehe Nr. 274).
- Im Fieberabfall ist der Höhepunkt des Fiebers überschritten. Je nach Konstitution des Kindes und Erkrankung kann es noch etwas andauern oder auch schnell abfallen. Ihr Kind schwitzt und ist schläfrig.

Ein gutes Fieberthermometer

Die genauesten Ergebnisse beim Fiebermessen bekommen Sie mit einem guten Digitalthermometer. Ohr- oder Stirnthermometer ermitteln die Körpertemperatur Ihres kleinen Patienten nicht zuverlässig genug. Abweichungen von bis zu einem ganzen Grad sind damit nicht ungewöhnlich.

Mit einem Digitalthermometer erzielen Sie sehr genaue Messergebnisse.

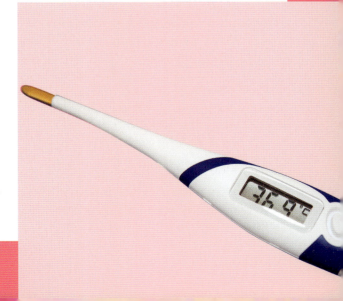

So messen Sie Babys Temperatur

Die zuverlässigste Methode ist noch immer die Messung im Po, auch wenn sie bei den kleinen Patienten nicht sehr beliebt ist. Bestreichen Sie die Spitze eines Digitalthermometers mit etwas Creme und messen Sie ein bis zwei Minuten in Rückenlage. Heben Sie dazu den Po Ihres Babys etwas von der Unterlage an, indem Sie mit der rechten Hand Babys rechten Oberschenkel umfassen und über den rechten Unterarm Babys linken Oberschenkel leicht anheben. Mit der anderen Hand führen Sie das Thermometer in den After ein und stützen sich mit Ringfinger und kleinem Finger leicht am Po Ihres Kindes ab. Sollte sich Ihr Kind während des Messens abrupt bewegen, kann das Thermometer so die Darmwand nicht verletzen.

Fieberkrampf

Säuglinge und Kleinkinder reagieren auf rasche Temperaturanstiege empfindlich, es kann in seltenen Fällen zu Fieberkrämpfen kommen, mit Muskelzuckungen an Armen und Beinen, Muskelkrämpfen, starkem Speichelfluss und eventuell Erbrechen. Bei einer Atempause kann es auch sein, dass das Kind blau anläuft und kurz bewusstlos wird. Meist dauert ein Fieberkrampf nur wenige Sekunden, selten ein paar Minuten, und hinterlässt in der Regel keine bleibenden Schäden. Sollte er aber länger andauern oder wiederholt auftreten, rufen Sie einen Notarzt!

Maßnahmen bei Fieber

Relativ zum Körpervolumen haben Kinder eine viel größere Körperoberfläche als Erwachsene. Sie verlieren bei Fieber verstärkt Flüssigkeit über die Haut. Achten Sie darauf, dass Ihr Baby ausreichend versorgt ist, wecken Sie es wenn nötig auf, um es trinken zu lassen. Legen Sie Ihr Stillkind öfter an oder geben Sie zusätzlich etwas Tee oder Wasser aus dem Becher oder der Flasche. Kleiden und betten Sie Ihr Baby so, dass keine Stauungswärme entstehen kann. Fiebernde Kinder schlafen oft unruhig und atmen schneller. Bleiben Sie vorsorglich in der Nähe Ihres Babys und beobachten Sie es. Am besten ist es, wenn Ihr fieberndes Baby in der Nacht in Ihrer Nähe schläft, damit Sie Veränderungen sofort bemerken können.

Die Temperatur schonend senken

Sie befeuchten einen Waschlappen mit körperwarmem Wasser und reiben zügig Babys Unterarme ab. Die Haut sollte nur feucht sein. Trocknen Sie die Ärmchen anschließend nicht ab, weil die Verdunstung des Wassers einen kühlenden Effekt hat. Wiederholen Sie die Waschung nach 30 Minuten. Achten Sie darauf, dass Ihr Baby gut trinkt.

Pulswickel zum Fiebersenken

- Sie benötigen eine Schüssel mit Wasser, Temperatur 2 bis 5 °C unter der gemessenen Körpertemperatur, zwei dünne Baumwollstreifen (etwa aus einer Mullwindel, 1,5 mal 15 Zentimeter) sowie zwei Kindersöckchen mit abgeschnittenem Fußteil.
- Tränken Sie die Stoffstreifen zur Hälfte im Wasser und wringen Sie sie aus. Beginnend mit dem feuchten Teil umwickeln Sie die Handgelenke Ihres Babys straff, aber nicht einschnürend! Den trockenen Teil wickeln Sie weiter und ziehen die abgeschnittene Socke darüber.
- Entfernen Sie die Pulswickel nach etwa zehn Minuten und wiederholen das Ganze zweimal.
- Nach einer halben Stunde messen Sie bei Ihrem Kind die Temperatur. Wenn nötig, den Wickel nach drei Stunden wiederholen.

HILFE BEI VERDAUUNGSSTÖRUNGEN

Besonders in den ersten drei Monaten kann die Verdauung Ihres Kindes schon einmal Probleme bereiten. Meistens ist dies aber kein Anlass zur Sorge. Babys Verdauungssystem ist noch nicht ganz ausgereift und häufig schluckt es auch Luft beim Saugen und Trinken. Dies und weitere Probleme können Ihrem Baby besonders anfangs zu schaffen machen.

Gerade Blähungen und Bauchkrämpfe treten beim Baby anfänglich sehr häufig auf, weil der Darm bei der Geburt noch nicht vollständig ausgereift ist. Das empfindliche Verdauungssystem der Kleinsten reagiert sehr leicht auf körperliche Beeinträchtigungen. In vielen Fällen sind diese aber genauso schnell wieder verschwunden, wie sie gekommen sind. Meistens lassen sie sich sehr gut mit natürlichen Mitteln behandeln. Wenn Verdauungsprobleme allerdings mit Fieber einhergehen, stellen Sie Ihr Kind bitte möglichst bald dem Kinderarzt vor.

Mein Kind hat Bauchweh

Wenn die Kleinen sich vor Bauchweh krümmen und weinen, hat sich der Fliegergriff bewährt. Legen Sie Ihr Kind bäuchlings auf Ihren Unterarm, stützen Sie sein Köpfchen gut ab und tragen Sie es leicht wippend umher.
Wechseln Sie sich, soweit das möglich ist, mit Ihrem Partner beim Tragen ab und ruhen Sie sich zwischendurch immer wieder etwas aus.

Hilfe bei Verdauungsstörungen

Hilfe aus der Naturapotheke

Auch die Überforderung durch einen aufregenden, chaotischen Tag kann beim Baby quälendes Bauchweh hervorrufen. Sorgen Sie für ausreichend warme Kleidung, das unterstützt die Verdauungstätigkeit. Ein kleines angewärmtes Dinkelspelzkissen, das Sie Ihrem Kind zwischen Hemd und Unterhemd stecken, ist ebenfalls sehr hilfreich. Zwei bis drei Teelöffel ungesüßter Anis-Fenchel-Kümmel-Tee vor den Mahlzeiten schaffen ebenso wie eine sanfte Baucheinreibung mit einigen Tropfen Sesamöl Linderung. Wenn Sie stillen, kauen Sie selbst mehrfach täglich einige Kümmel- oder Fenchelsamen, die Wirkstoffe geben Sie nämlich über die Muttermilch an Ihr Kind weiter.

Massage des Bäuchleins

Wenn Ihr Baby zu Verdauungsproblemen neigt, massieren Sie es besser zwischendurch, etwa beim Wickeln oder nach dem Baden, als wenn es akut Bauchweh hat. Massieren Sie sein Bäuchlein immer im Uhrzeigersinn um den Nabel. So folgen Sie dem natürlichen Darmverlauf und unterstützen die Verdauung. Im akuten Fall sollten Sie die angespannte und schmerzende Bauchdecke Ihres kleinen Patienten allerdings nicht zusätzlich berühren. Sanfte Wärme, zum Beispiel mit einem Kirschkern- oder Moorgelkissen am Bäuchlein, und Ruhe sind jetzt heilsamer.

BEI STARKEM DURCHFALL ZUM ARZT

Babys haben oft dünne Stühle. Erst bei mehr als fünf dünnen Windelinhalten pro Tag spricht man von Durchfall – der vom Arzt behandelt werden sollte. Bei gestillten Babys ist das nicht einfach einzuschätzen, denn Stuhlkonsistenz und Häufigkeit der Entleerung variieren stark.

Bedenklicher Flüssigkeitsverlust

Durch den raschen Verlust größerer Flüssigkeitsmengen kommt es bei Durchfall zu einem Mineralstoffmangel. Je jünger ein Kind ist, umso schneller führt dies zu einer Austrocknung. Nehmen Sie eine Falte am Bauch Ihres Kindes zwischen zwei Finger, heben sie kurz leicht an und lassen wieder los: Bleibt die Falte stehen oder zeigt die Haut eine »Knitterfalte«, weist dies auf einen starken Flüssigkeitsverlust hin und ist ein ernster Notfall. Sie müssen sofort zum Kinderarzt!

Der Fliegergriff hilft Ihrem Baby, wenn es Bauchweh hat.

Bei Verstopfung

Gestillte Babys haben nicht unbedingt täglich Stuhlgang. Es kann tatsächlich bis zu zehn Tagen dauern, bis die Windel wieder mal prall gefüllt ist. Kinder, die Säuglingsnahrung bekommen, neigen eher zu Verstopfungen, weil Pre- oder Folgemilch schwerer verdaulich ist als Muttermilch.

Vor allem, wenn Sie sehr kalkhaltiges Wasser haben, ist es zur Zubereitung der Flaschennahrung sinnvoll, ein dafür geeignetes Wasser zu verwenden. Der Kalk aus dem Leitungswasser kann sich nämlich im Darm mit den Fettsäuren aus der Milch zu Kalkseife verbinden, die den Stuhl dann sehr trocken, fest und bröckelig werden lässt.

Symptome beachten

Wenn Sie sich Sorgen machen, dass Ihr Baby eine Verstopfung haben könnte, achten Sie auf folgende Symptome:

- Ihr Kind hat einen harten Bauch.
- Es zieht seine Beinchen an den Bauch vor Schmerzen.
- Ihr Kind kann den Stuhlgang nur schwer absetzen und presst deshalb stark.
- Es weint oder ist ärgerlich dabei.
- Sein Stuhl ist trocken, hart und kommt nur in kleinen »Knödeln«.
- Es hat weniger als dreimal pro Woche Stuhlgang in der Windel.
- Es hat übel riechende Blähungen und faulig riechenden Stuhlgang.
- Ihr Kind hat keinen Appetit.

Das können Sie tun

Solange Ihr Kind nicht weint und weiterhin zunimmt und gedeiht, brauchen Sie sich nicht zu sorgen. Ein unklares Weinen oder Schreien ist im Zusammenhang mit einem Stuhlverhalten allerdings immer ein Grund für einen Besuch beim Kinderarzt.

- Um Ihrem Baby etwas Erleichterung zu schaffen, fahren Sie mit seinen Beinchen beim Wickeln ein wenig Rad. Dadurch werden die natürlichen Darmbewegungen angeregt und der Stuhl wird weitertransportiert.
- Bekommt Ihr Kind das Fläschchen, geben Sie ihm vorübergehend zwischen den Mahlzeiten zusätzlich Wasser zu trinken. Verdünnen Sie aber bitte das Milchpulver nicht mit mehr Wasser.
- Achten Sie vor allem darauf, das Milchpulver immer in der richtigen Dosis einzumischen, denn zu viel Pulver kann Ihrem Baby Flüssigkeit entziehen und eine Verstopfung verursachen. Eventuell ist es sinnvoll, auf ein anderes Produkt umzusteigen.
- Wenn Ihr Baby bereits feste Nahrung isst, bieten Sie ihm viel Wasser, Tee oder verdünnten ungezuckerten Fruchtsaft an. Ebenfalls hilfreich: Ballaststoffe in Form von pürierten oder geriebenen Äpfeln, Birnen, Aprikosen, Trauben, Zwetschgen, Blaubeeren, Himbeeren oder Erdbeeren. Sie können auch etwas Kleie in den

Bei Verdauungsproblemen massieren Sie das Bäuchlein Ihres Kindes rund um den Nabel – bitte immer im Uhrzeigersinn!

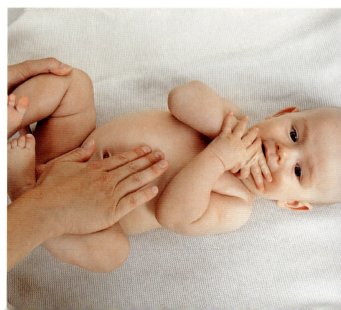

Hilfe bei Verdauungsstörungen

Babybrei rühren, allerdings braucht Ihr Kind dann wieder zusätzliche Flüssigkeit. Stopfende Lebensmittel wie Reis oder Bananen lassen Sie fürs Erste besser weg.

- Wenn das alles nicht hilft, wird Ihr Kinderarzt Ihnen gegen die Verstopfung Ihres Babys voraussichtlich ein Glyzerin-Zäpfchen verschreiben, das den Stuhl weicher und gleitfähiger macht.

Bei Erbrechen

Es kommt vor, dass Babys gleich mehrere Male die ganze Mahlzeit erbrechen. Säuglinge spucken oft, wenn sie sich »überfuttert« haben, das Bäuerchen klemmt, der Bauch zwickt, sie Zähne oder einen Schnupfen bekommen oder zu viel Aufregung hatten. In Ruhe im warmen Bettchen gibt sich das nach einer sanften Baucheinreibung meist wieder, etwa mit einer Mischung von drei Tropfen ätherischem Melissenöl auf einen Esslöffel Mandelöl. Stärkeres Erbrechen ist bei Säuglingen unbedingt ernst zu nehmen, weil sie sehr schnell austrocknen können.

Ihr Baby spuckt nach jedem Trinken? Möglicherweise funktioniert bei Ihrem Kind der Muskel nicht richtig, der den Mageneingang verschließen soll. Dann erbricht es oft und im Schwall, vielleicht sogar beim Trinken. Gehen Sie mit Ihrem Kind zum Arzt.

Bei Mundsoor

Treten bei Ihrem Baby weiße Beläge im Mund auf, die nicht mehr weggehen, handelt es sich höchstwahrscheinlich um eine Infektionserkrankung namens Soor. Die Beläge werden von einer Besiedelung mit dem Hefepilz Candida albicans verursacht. Bei Säuglingen und kleinen Kindern siedelt der Hefepilz sich bevorzugt in der Mundhöhle an und wandert dann durch den Darmtrakt bis zur Windelregion.

Jetzt ist strenge Hygiene wichtig

Behandeln Sie den Mundsoor so schnell wie möglich, da die entzündeten Stellen im Mund Ihrem Baby die Lust am Saugen verleiden. Achten Sie vor allem auf Hygiene: Reiben Sie Schnuller und Sauger täglich mit Salz ab und kochen Sie alles gründlich aus. Spuckwindeln sollten Sie mehrmals täglich wechseln. Die Mundschleimhaut Ihres Kindes können Sie mehrmals täglich mit Calendulatinktur auswischen. Da der Pilz aber meistens sehr hartnäckig ist, kommt man um eine medikamentöse Behandlung in der Regel nicht herum. Der Kinderarzt wird Ihnen ein Arzneimittel verschreiben und nach erfolgter Therapie die vollständige Abheilung kontrollieren.

Brustwarzen dürfen nicht wund werden

Mundsoor Ihres Babys können Sie von Milchresten unterscheiden, indem Sie versuchen, den Belag mit einem sauberen Wattestäbchen wegzuwischen: Bei einem Soor lässt sich der weißliche Belag nur sehr schwer entfernen, da er fest auf der Schleimhaut haftet. Darunter finden sich häufig entzündete, teilweise blutige Hautstellen. Passen Sie jetzt noch besser auf, dass Ihre Brustwarzen nicht wund werden, indem Sie sorgfältig auf korrektes Anlegen achten. Die kleinen Risse wären eine ideale Brutstätte für den Pilz, der dann im Ping-Pong-Effekt zwischen Ihnen und Ihrem Baby »hin- und hergespielt« würde. Vorbeugen können Sie auch, indem Sie Ihre Brustwarzen nach dem Stillen mit etwas verdünntem Lavendelöl pflegen, das mögen die Pilzerreger nämlich nicht. Sollte Ihr Baby eine Suspension (ein flüssiges Medikament) gegen die Pilzinfektion verordnet bekommen haben, behandeln Sie Ihre Brustwarze damit vorübergehend mit.

HALLO, GROSSE WEITE WELT!

- 🐘 *Mit Baby unterwegs* **144**
- 🦋 *Raus aus dem Windelalltag:*
  Urlaub mit Baby **150**

MIT BABY UNTERWEGS

Auch mit Baby mobil bleiben: Tragetuch, Babyschale und Kinderwagen sind zuverlässige Begleiter bei den gemeinsamen Erkundungen der Welt. Mit dem richtigen Transportmittel können Sie Ihr Baby fast überallhin mitnehmen. Schon bald werden Sie am besten wissen, welches davon für Sie beide am bequemsten und sichersten ist.

Die meisten Eltern nutzen heute unterschiedliche Transportmöglichkeiten. Für längere Wege oder den Einkauf steht der Kinderwagen bereit, zu Hause oder für kleinere Ausflüge ist das Tragetuch oder eine Babytrage ideal. Das Tuch können Sie auch im Kinderwagen mitnehmen und als Wickelunterlage oder Decke verwenden, solange Ihr Kind nicht getragen wird. So sind Sie für jede Eventualität gerüstet. Planen Sie Reisen und Ausflüge mit Ihrem Baby auf jeden Fall sorgfältig, denn das vermeidet Hektik, Stress und größere Enttäuschungen.

Sicher unterwegs im Auto

Zum sicheren Transport Ihres Kleinen (auch aus der Klinik nach Hause) benötigen Sie eine mit dem Rücken zur Fahrtrichtung montierte feste Babyschale (Beifahrerairbag deaktivieren!), in der Sie Ihr Kind anschnallen. Entfernen Sie vor der Fahrt alle losen Gegenstände aus dem Auto, die bei starkem Bremsen durchs Auto fliegen könnten. Verstauen Sie Gepäck nur im Kofferraum.

Nicht zu warm, nicht zu kalt

Bei warmen bis heißen Temperaturen lüften Sie das Auto vor dem Einsteigen kurz gut durch. Vermeiden Sie Zugluft durch offene Fenster, Gebläse oder Klimaanlage, und schützen Sie Ihr Kind mit Sonnenblenden an den Scheiben vor direkter Sonneneinstrahlung. Bei kühlen Temperaturen heizen Sie das Auto vor, auch wenn Ihr Kind warm eingemummelt ist. Gerade in den ersten Monaten kühlt ein Kind schnell aus. Fahren Sie langsam und umsichtig und nur so lange, wie es nötig ist.

Wichtige Punkte beim Kauf der Auto-Babyschale

Für die sichere Autofahrt benötigt jedes Kind eine Sitzgelegenheit, die auf sein Alter, sein Gewicht und seine Größe abgestimmt ist. Am besten verwenden Sie zunächst eine rückwärtsgerichtete Babyliegeschale, die stets entgegen der Fahrtrichtung montiert wird (»Reboard-System«). Achtung: Diese Systeme dürfen bei einem aktiven Airbag nicht auf dem Beifahrersitz montiert werden. Über eine Deaktivierung des Airbags informieren Sie sich bei Ihrer Vertragswerkstatt.

Kinderautositze sind in Deutschland nur zugelassen, wenn sie nach der ECE Norm 44 geprüft sind. Achten Sie beim Kauf unbedingt auf das Prüfzeichen und auf eine ausgewiesene Schadstofffreiheit. Wichtig ist auch eine einfache Handhabung bei der Montage, zum Beispiel mit dem Isofix-System, durch das der Kindersitz fest an der Karosserie Ihres Fahrzeugs verriegelt ist.

Gebrauchtkauf

Eine Babyschale können Sie selbstverständlich auch gebraucht kaufen. Wichtig ist nur, dass der Sitz und die Sicherheitsgurte völlig einwandfrei sind. Nach einer Beschädigung oder einem Unfall ist die Sicherheit nicht mehr gewährleistet. Schon ein kleiner Aufprall führt zu feinen Rissen im Sitz und macht ihn unbrauchbar, ähnlich wie bei einem Fahrradhelm. Diese Mängel sind oft auf den ersten Blick nicht ersichtlich. Sie sollten sich also auf die Aussage eines vertrauenswürdigen Verkäufers verlassen können, am besten kaufen Sie den Sitz von Freunden oder Verwandten.

Raus an die frische Luft!

Bei einem gesunden Baby ist schon ab der dritten Lebenswoche nichts gegen einen Spaziergang einzuwenden, sofern keine Minusgrade herrschen und es draußen weder stürmt noch schneit. Achten Sie darauf, dass Ihr Baby gut eingepackt, vor Zugluft geschützt und nicht der prallen Sonne ausgesetzt ist. Ein Mützchen schützt vor Wärmeverlust und ist daher draußen unerlässlich (siehe Nr. 156). Anfänglich reicht eine Viertelstunde »Auszeit«, die Sie langsam – und nach Ihren eigenen Kräften – steigern können. Unterschätzen Sie die Anstrengung nicht, die ein längerer Spaziergang für Sie als Mutter noch bedeuten kann.

Gold wert: ein guter Kinderwagen

»Sicher, praktisch und komfortabel« heißt die Maxime für den Kinderwagen Ihrer Wahl. Um die Wirbelsäule Ihres Kindes zu schonen und Erschütterungen besser auszugleichen, sollte der Kinderwagen eine hochwertige Matratze, eine gute Federung und große, luftgefüllte Reifen haben. Höhenverstellbare Griffe, die sich Ihrer Körpergröße anpassen lassen, schonen den Rücken. Eine stabile Feststellbremse, die mindestens zwei Räder bremst und leicht zu bedienen ist, sowie ein Sicherheitsgurt für das Kind sind ein Muss. Der Wagen sollte auch die Möglichkeit bieten, Gewicht zuzuladen. Schwere Einkaufstaschen, die in einem Netz am Schiebegriff hängen, können den Kinderwagen schnell nach vorn kippen lassen. Ein stabiler Korb unter dem Wagen ist deshalb von Vorteil. Zusätzliche Stabilität bekommt der Wagen durch einen möglichst breiten Reifenabstand.

Probieren Sie aus, ob sich Ihr gewähltes Gefährt problemlos zusammenfalten lässt, dann sparen Sie täglich Zeit und Nerven. Vorsicht bei klappbaren Modellen: Sie sollten auf jeden Fall eine doppelte Klappsicherung haben, damit der Wagen nicht versehentlich zusammenklappt und sich Ihr Kind dabei quetscht. Wenn Sie beim Kinderwagenkauf die Kofferraummaße Ihres PKW parat haben, sind Sie sicher, dass das Lieblingsmodell auch wirklich hineinpasst.

Weitere wichtige Kriterien: ein Verdeck, das Ihren kleinen Passagier ausreichend vor Sonne, Regen oder Schnee schützt, und ein abnehmbarer und waschbarer Stoffbezug.

Eine Babyschale ist ungeeignet

Manche Babyschalen werden mit Fahrgestell angeboten und in der Kombination manchmal als Kinderwagen benutzt. Davon ist abzuraten! Eine Babyschale auf Rädern ist keine Alltagslösung und keine Alternative zu einem Kinderwagen. Das Fahrgestell zur Babyschale ist hauptsächlich dazu gedacht, es den Eltern beim Ein- und Aussteigen aus dem Auto leichter zu machen. Sie können Ihren Nachwuchs damit leicht und schnell transportieren, ohne den eigenen Rücken zu sehr zu belasten. Allerdings sitzt Ihr Kind nicht sonderlich bequem in der sogenannten Reboard-Schale und sollte dies wegen der unphysiologischen Haltung auch nicht über längere Zeit oder regelmäßig tun.

Umstieg auf den Buggy

Ein Buggy ist zwar praktisch, aber für Ihr Kind erst geeignet, wenn es sicher und stabil sitzt, und auch dann nur auf kurzen Strecken. Denn im Buggy ist der kindliche Rücken nicht ausreichend gestützt: Erschütterungen übertragen sich unmittelbar, da eine Federung fehlt. Buggys sind überwiegend Sommerfahrzeuge. Im Winter wird es Ihrem Kind schnell kalt an Rücken und Po, dann sollten Sie ihm unbedingt einen Lammfellsack oder Ähnliches gönnen. Bei Schnee sind die winzigen Dop-

Ein Buggy eignet sich erst für Ihr Kind, wenn es stabil sitzen kann.

pelräder außerdem schlecht zu manövrieren, weil sich Eis und Matsch dazwischen festsetzen. Die Rückenlehne sollte nach hinten zu klappen sein, damit Ihr Kind auch im Liegen schlafen kann. Achten Sie zudem darauf, dass die Schubstangen für Ihre Körpergröße lang genug sind.

Die richtige Tragehilfe auswählen

Eine Tragehilfe ist praktisch, weil Sie Ihr Kind nah am Körper haben. Fürs Baby ist sie komfortabel und bequem, doch nicht alle Modelle sind auch ergonomisch. Eine gute Tragehilfe erkennen Sie an folgenden Punkten:

- Sie stützt Ihr Baby ab, ohne es zu beengen, und lässt den Rücken des Kindes rund.
- Das Köpfchen hat ausreichend Halt und der Körper ist nicht gestreckt.
- Für die gesunde Entwicklung der Hüftgelenke sind die Öffnungen für die Beine seitlich an einem breiten Steg angebracht, die Beinchen sind in Spreiz-Anhock-Stellung.
- Die Traghilfe hat gut gepolsterte Tragriemen und drückt oder scheuert weder beim Träger noch beim Baby.
- Babys Gewicht ist gleichmäßig verteilt und bereitet Mama oder Papa beim Tragen keine Rückenschmerzen.
- Die Hilfe kann sowohl für das Tragen am Bauch als auch auf dem Rücken verwendet werden.
- Sehr junge Babys lassen sich so gut tragen wie größere.
- Die Tragehilfe ist waschbar.

Entscheidend: ein gut gestützter Rücken

Immer wieder einmal ist das Gerücht zu hören, dass das Tragen im Tragetuch schädlich für Babys Rücken sei. Das Gegenteil ist der Fall! Ein Baby kommt als »Tragling« zur Welt: Nimmt man es hoch, winkelt es seine Beine automatisch an, weil es getragen werden und sich festklammern will. Im Tragetuch sitzt es eng an Sie geschmiegt und anatomisch vollkommen korrekt: mit gerundetem Rücken, angehockten Beinen und leicht nach vorn gekippter Hüfte. Die ständige Lageveränderung beim Gehen übt Wachstumsreize auf die Rückenmuskulatur des Kindes aus.

Schädlich ist das Tragen nur, wenn der kindliche Rücken nicht ausreichend gestützt wird (siehe auch Seite 123). Machen Sie den Test: Ihr Baby soll so eng eingebunden sein, dass es auch dann noch sicher an Ihrem Körper sitzt, wenn Sie sich nach vorn beugen. Dann ist die Wirbelsäule ausreichend gestützt und Sie dürfen Ihr Baby stundenlang tragen, wenn Ihnen beiden dies gefällt!

Übung macht den Meister

Anfangs ist das Binden eines Tragetuchs vielleicht etwas kompliziert und gewöhnungsbedürftig. Aber hat man den Dreh einmal raus, tut man es fast im Schlaf. Man kann den Umgang mit einem Tragetuch am ehesten mit dem Schuhebinden vergleichen: Üben Sie das Binden so lange, bis Sie sich sicher fühlen. Wenn Sie möchten, üben Sie das Binden und das Hineinsetzen des Babys anfangs mit einer Puppe. Viele Anbieter von Tragetüchern legen dem Tuch detaillierte Trageanleitungen als Prospekt oder sogar auf DVD bei und auch Ihre Hebamme zeigt Ihnen beim Hausbesuch gern, wie es geht.

Tragehilfe oder Tragetuch?

Vieles spricht für das Tragetuch. Ein gutes Tragetuch erfüllt alle oben genannten Anforderungen und ist vielseitig einsetzbar, da Sie es auf unterschiedlichste Art binden können. So können Sie Ihr Baby anfangs liegend tragen, nach einigen Monaten vor dem Bauch und später auf Hüfte oder Rücken. Vom ersten Tag an, bis Ihnen Ihr Kind zu schwer wird, kann das Tuch zum ständigen Begleiter werden und überlebt dabei mehrere Generationen. Es lässt sich mit etwas Übung schnell und einfach handhaben, beim Wechsel müssen zum Beispiel keine Gurte verstellt oder festgezurrt werden.

Die meisten Tragehilfen sind dazu geeignet, das Kind senkrecht vor dem Bauch zu tragen, einige eignen sich auch fürs Tragen auf Rücken oder Hüfte. Nur wenige berücksichtigen die anatomischen Besonderheiten kleiner Säuglinge, deren Rumpfmuskulatur noch nicht sehr kräftig ist; die Babys sacken in sich zusammen, wenn sie senkrecht getragen und nicht genügend unterstützt werden. Langfristig führt das zu Haltungsschäden und Verdauungsproblemen.

Viele Hebammen haben Tragetücher, mit denen sie die verschiedenen Bindetechniken zeigen. Probieren Sie das Tragen doch vorher damit aus. Sagt es Ihnen nicht zu, können Sie sich immer noch nach Alternativen umsehen.

Wichtig bei jeder Tragehilfe: Der Rücken des Babys muss gut gestützt sein.

Prüfen Sie vor jeder Fahrt, ob der Fahrradhelm Ihres Kindes auch gut sitzt.

288

Tragen »face to face«

Eine Trageweise, bei der das Kind nach vorn schaut und nicht in die Richtung seines Trägers, ist ungeeignet – unabhängig von Tragehilfe und dem Kindesalter. In dieser Haltung befinden sich die Kleinen viel zu aufrecht, der Rücken ist überstreckt und nicht rund, so wie es der kindlichen Anatomie entspräche. Die unzureichend gestützte kindliche Wirbelsäule wird bei jedem Schritt »gestaucht« und zu stark belastet. Die Beinchen baumeln ohne Halt herunter – die Spreiz-Anhock-Haltung ist nicht mehr gewährleistet. Das Kind sitzt so nicht auf dem Windelpaket, sondern genau auf seinen Genitalien. Außerdem ist es dem Baby in dieser Haltung nicht möglich, sich anzukuscheln oder zurückzuziehen, wenn es seine Ruhe möchte oder ihm die Reize von außen zu viel werden.

289

Bindevariante mit Freiblick

Viele Kinder fühlen sich anfangs pudelwohl im Tragetuch – bis es sie irgendwann stört, dass ihre Sicht verdeckt ist. Sie sind neugierig auf die Welt und unzufrieden, weil sie zu wenig sehen, sie beginnen zu quengeln, sobald sie ins Tragetuch gepackt werden. Vielleicht mag es Ihr Sprössling dann, wenn Sie eine Bindevariante wählen, die ihm freie Sicht auf die Umgebung lässt.

290

Zweirad-Ausflug

Für den Transport mit dem Fahrrad sollte Ihr Kind auf jeden Fall bereits stabil sitzen können. Abhängig vom Gewicht Ihres Kleinen haben Sie die Wahl: Entweder setzen Sie es in einen speziellen Fahrradkindersitz, der sich vor dem Lenker oder zwischen Lenkstange und Fahrer montieren lässt und bis zu 15 Kilo tragen kann. Oder Sie greifen auf die sichereren Sitze für den Gepäckträger zurück, die für bis zu 25 Kilo geeignet sind. Wählen Sie einen Kindersitz, bei dem sich die Rückenlehne verstellen lässt, falls Ihr Kind unterwegs einschlummert. Ein Muss: Hosenträgergurte zum Anschnallen und gute, sichere Fußstützen. Der Sitz muss TÜV-geprüft sein. Wenn Sie viel unterwegs sind, ist ein Anhänger zu empfehlen, der laut ADAC noch sicherer ist als ein Kindersitz. Er ist schon für wenige Monate alte Babys geeignet, muss dann aber mit einer speziellen Schale ausgestattet sein. Lassen Sie sich in einem Fahrradladen ausführlich beraten. Ein Muss sind gut sitzende Fahrradhelme für Kind und Fahrer! Denken Sie an sonnigen Tagen auch daran, Ihr Kind mit Sonnenschutz einzucremen. Bei kühlen Temperaturen ziehen Sie ihm unbedingt eine Mütze an, um seine empfindlichen Ohren vor dem Fahrtwind zu schützen.

RAUS AUS DEM ALLTAG – URLAUB MIT BABY

Verbringen Sie Ihre erste Reise mit Baby am besten in heimischen oder mitteleuropäischen Gefilden, dann steht einer entspannten Zeit nichts im Wege. Es muss auch nicht immer Urlaub im Hochsommer sein: Wer Vor- oder Nachsaison nutzt, tut sich und seinem Kind gleich mehrfach etwas Gutes.

Fernreisen sind aufgrund der langen Anreise für Babys nicht empfehlenswert. Vor allem von Reisen in tropische Länder ist abzuraten, denn die extreme Hitze und Luftfeuchtigkeit belasten den kleinen Organismus sehr stark. Bei Reisen in exotische Länder sind außerdem oftmals spezielle Impfungen nötig, die für Babys noch nicht vorgesehen oder sogar gesundheitsschädlich sind. Zudem sind Hygienebedingungen und medizinische Versorgung in vielen dieser Länder unzureichend. Ein Reiseziel im eigenen Land oder zumindest in Mitteleuropa birgt dagegen kaum oder wesentlich weniger gesundheitliche Belastungen und Risiken für Ihren kleinen Liebling. Manchen Vorteil kann es zudem bringen, wenn Sie sich zu einem Urlaub in der Nebensaison entschließen. Das nämlich bedeutet oft angenehme, gemäßigte Temperaturen, weniger Menschenmassen und weniger Verkehr und dazu noch moderate Preise. Nutzen Sie die Gelegenheit, solange Sie noch außerhalb der allgemeinen Ferienzeiten Urlaub machen können. Wenn Ihr Kind in die Schule kommt, wird das für eine lange Zeit nicht mehr möglich sein!

Tipps für Autofahrer

Es versteht sich von selbst, dass Sie Ihr Kind in einer passenden, sicher montierten Babyschale anschnallen. Auf dem Vordersitz darf Ihr kleiner Beifahrer nur mit dem Rücken in Fahrtrichtung und ausgeschaltetem Beifahrerairbag mitfahren; die Luftkissen, die für Erwachsene entwickelt wurden, blasen sich mit einer solchen Wucht auf, dass sie ein Kind erschlagen oder ersticken könnten. Sobald Ihr Kind mehr als 15 Kilogramm wiegt, fährt es im passenden Kindersitz mit Gesicht in Fahrtrichtung auf dem Rücksitz mit.

Für angenehme Fahrtbedingungen sorgen

Wenn Ihr Kind beim Autofahren gern schläft, ist es optimal, die Reisezeit in die Nachtstunden zu legen. Sind Sie tagsüber unterwegs, sorgen Sie für ausreichenden Schutz vor direkter Sonneneinstrahlung, Zugluft und Hitze. Überprüfen Sie regelmäßig, ob Ihr Baby schwitzt oder friert, und passen Sie seine Kleidung entsprechend an. Wird Ihr Kind ungeduldig oder möchte es etwas haben, halten Sie bitte an und drehen sich als Fahrer nicht während der Fahrt zu ihm um. Lassen Sie bitte nie ein Kind allein im Auto!

Auf langen Fahrten Pausen einlegen

Grundsätzlich gilt: Solange ein Kind noch nicht selbstständig sitzen kann, ist die Rückenmuskulatur eigentlich noch zu schwach für eine schräg sitzende Haltung, denn dadurch wird Babys Wirbelsäule im Bereich der Lendenwirbel gestaucht. Außerdem sinken die Kinder bei Müdigkeit oder im Schlaf in sich zusammen, was auf Dauer die Atmung und die Verdauung behindert. Babyschalen eignen sich deshalb generell nicht als dauerhafter Aufenthaltsort für Ihr Baby. Für das Auto gibt es aber noch keine echte Alternative zur Babyschale. Bei längeren Autofahrten sind daher regelmäßige Pausen das A und O. Nehmen Sie Ihr Baby am besten alle zwei Stunden aus der Babyschale und lassen Sie es sich ausgiebig strecken und bewegen, wickeln und stillen oder füttern Sie es. Dann brauchen Sie keine Nachteile für Ihr Kind zu befürchten.

Vorbeugen gegen Reisekrankheit

Eine Reiseübelkeit entsteht dadurch, dass die rasch wechselnden optischen Eindrücke nicht mit den Signalen des Gleichgewichtsorgans übereinstimmen und das Gehirn dies nicht zusammenbringen kann. Doch nicht allen Kindern wird beim Autofahren übel. Verzichten Sie vor Reiseantritt auf jeden Fall auf reichhaltige Mahlzeiten und bereiten Sie für die Fahrt kleine, leichte Snacks vor: Zwieback, Reiswaffeln, Dinkelstangen, Cracker … Sorgen Sie während der Fahrt immer wieder für frische Luft (aber keine Zugluft!). Nehmen Sie für alle Fälle eine Plastiktüte, einen feuchten Waschlappen und frische Kleidung mit. Und: Schimpfen Sie nicht, wenn Ihr Kind sich doch einmal erbrechen sollte. Dadurch gerät es nur zusätzlich in Stress und alles wird noch schlimmer. Medikamente gegen Reiseübelkeit sollten Sie nur nach Absprache mit dem Kinderarzt geben.

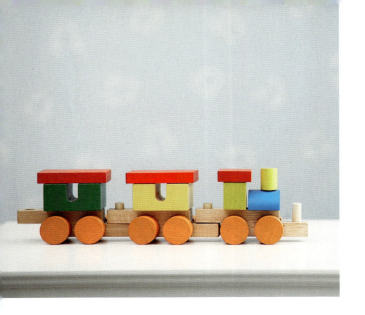

Stressfrei unterwegs mit der Bahn

Zugfahren ist für die ganze Familie entspannend: Es gibt keine Staus, beide Elternteile haben Zeit für den Nachwuchs und in der Regel erreicht man das Urlaubsziel recht flott. Zudem hat man mehr Bewegungsfreiheit als im Auto oder Flugzeug. Ihr Gepäck können Sie schon vorher aufgeben und zum Urlaubsort bringen lassen. Gläschen wärmt das Servicepersonal gerne auch im Bord-Bistro auf. Nehmen Sie für sich und Ihr Baby warme Kleidung und eine leichte Decke im Handgepäck mit, denn in den Zügen ist es oftmals kühl. Im ICE können Sie sich – frühzeitig! – eines der begehrten Familienabteile reservieren (leider nur eines pro Zug).

Abheben mit Baby

Grundsätzlich gilt: Je kürzer die Flugdauer, desto weniger Stress für Eltern und Baby. Zu schaffen macht allen Babys beim Fliegen der Druckausgleich. Bei Start und Landung empfiehlt es sich daher, das Kind zu stillen oder ihm das Fläschchen beziehungsweise den Schnuller zu geben. Das Saugen hilft Ihrem Kind, den Druck in den Ohren auszugleichen. Flugzeuge sind klimatisiert, packen Sie deshalb ausreichend warme Kleidung ein, Decken und Kissen erhalten Sie beim Bordpersonal. Außerdem gehören ins Handgepäck: feuchte Waschlappen, Windeln, etwas zu essen und zu trinken sowie Babys Lieblingsspielzeug. Welchen Service Sie an Bord erwarten dürfen, kommt auf die Airline an. Fast alle Fluggesellschaften halten Ihnen bei einer Reise mit Baby einen Platz in der ersten Reihe frei – weisen Sie aber bei der Reservierung unbedingt darauf hin. Bei manchen Anbietern können Sie auch ein spezielles Babybett vorbestellen, das dann an der Kabinenwand befestigt wird. Praktisch: Der Kinderwagen darf fast immer bis aufs Rollfeld mitgenommen werden. Beim Einsteigen kommt er in den Gepäckraum und steht so nach der Landung sofort wieder bereit.

Babys Reiseapotheke

Nehmen Sie unbedingt das gelbe Untersuchungsheft und den Impfausweis Ihres Kindes mit in den Urlaub. Um gut für eventuelle Notfälle gerüstet zu sein, dürfen folgende Dinge in der Reiseapotheke nicht fehlen:

- Medikamente, die Ihr Kind ständig einnehmen muss,
- bewährte Helfer bei akuten Beschwerden wie Zahnungsschmerzen, Verdauungsproblemen, Ohrenweh …,
- Wundheilsalbe und Calendula-Essenz zur Reinigung kleinerer Verletzungen,
- Nasenspray mit isotoner Kochsalzlösung,
- Mittel gegen Sonnenbrand und gegen Insektenstiche,
- Elektrolytlösung für den Fall, dass Ihr Kind aufgrund von Erbrechen oder Durchfall viel Flüssigkeit verliert,

- Fieberthermometer und ein fiebersenkendes Medikament (Paracetamolzäpfchen oder homöopathische Mittel),
- Kamillen- oder Fencheltee, falls das Bäuchlein zwickt,
- Coolpack für Prellungen und Verstauchungen,
- Pflaster, Verbandmaterial, Pinzette und eine Zeckenzange.

Versicherungen fürs Reisen mit Kind

Besonders für Familien lohnt sich eine Reise-Krankenversicherung. Sie ist meist nicht teuer und übernimmt einen Großteil der Kosten, falls Sie im Ausland medizinische Hilfe benötigen. Auch eine Reiserücktrittsversicherung macht mit einem Kleinkind Sinn.

Ausweis rechtzeitig beantragen

Seit Juni 2012 müssen alle deutschen Kinder bei Reisen ins Ausland von Geburt an ein eigenes Reisedokument haben. Bis zum vollendeten 12. Lebensjahr genügt in der Regel ein Kinderreisepass. Dieser ist sechs Jahre gültig und wird höchstens bis zum vollendeten 12. Lebensjahr ausgestellt oder verlängert. Er wird allerdings von einigen Ländern, wie zum Beispiel den USA, nicht zur Einreise beziehungsweise zur visumfreien Einreise anerkannt. Dann benötigen auch Kinder einen (teuren) biometrischen Reisepass oder ein zusätzliches Visum. Wenn Sie nicht sicher sind, welche Bestimmungen für Ihr Urlaubsziel gelten, erkundigen Sie sich beim Auswärtigen Amt (www.auswaertiges-amt.de) oder bei den jeweiligen Auslandsbotschaften.

Winterfreuden jenseits der Piste

Skiurlaub mit Baby? Auch wenn man ab und zu Eltern sieht, die ihr Kind beim Skifahren in einer Kraxe befördern: Ein Baby gehört nicht auf die Piste. Die Unfallgefahr ist dabei viel zu groß und außerdem kühlt ein so junges Kind viel zu schnell aus. Jenseits des Skihangs kann Ihr Baby den Winterurlaub genießen, wenn es im Kinderwagen oder Buggy mit einem Lammfellsack und warmer Kleidung, Wärmflasche, Handschuhen und warmer Mütze »winterfest« gemacht wird. Seine Gesichtshaut braucht bei Minusgraden speziellen Kälteschutz. Ideal ist eine wasserlose Fettcreme, denn enthaltenes Wasser könnte auf der Haut gefrieren und sie schädigen. Auch ein UV-Schutz, vor allem für Gesicht und Lippen, ist im Gebirge unerlässlich. Tragen Sie ihn am besten über der Fettcreme auf, auch wenn das Kinderwagenverdeck Ihr Kind vor direkter Sonne schützt. Wichtig: Lassen Sie Ihr Kind genug trinken, sonst verliert es in der Höhenluft über die Haut zu viel Flüssigkeit.

Bergwanderurlaub mit Baby

Sie möchten gern mit Ihrem Baby einen Bergwanderurlaub unternehmen? Wenn Ihr Kleines gesund ist, darf es bedenkenlos bis auf 2500 Höhenmeter reisen. Mehr sollte es jedoch nicht sein, denn mit steigender Höhe nimmt der Luftdruck ab und Babys Gehirn wird nicht mehr optimal mit Sauerstoff versorgt. Machen Sie sich bei einem Urlaub in höheren Gefilden darauf gefasst, dass Ihr Kind in den ersten Tagen vielleicht häufiger quengelt, schlechter schläft oder weniger Appetit hat: Es muss sich erst akklimatisieren und an die neuen Gegebenheiten gewöhnen. Je weiter oben Sie sich aufhalten, desto sorgsamer müssen Sie Ihr Kind vor der Sonneneinwirkung schützen (siehe Nr. 138). Außerdem ist der Flüssigkeitsbedarf erhöht, achten Sie also konsequent darauf, dass Ihr Kind häufig und regelmäßig trinkt. Wenn Sie Ihr Kind in einer Kraxe tragen möchten (erst wenn es sicher sitzen kann!), testen Sie das Transportmittel zu Hause ausgiebig. Die Enttäuschung am Urlaubsort ist groß, wenn das Baby sich in der Kraxe nicht wohlfühlt oder diese sich als unpraktisch oder unbequem erweist.

Urlaub am Meer

Die meisten Familien genießen es, mit ihren Kindern Strandurlaub zu machen. Wenn das Wasser eine angenehme Temperatur hat, spricht auch nichts gegen eine kurze Planschrunde im Meer. Lassen Sie Ihr Kleines aber stets nur wenige Minuten im Wasser, sonst kühlt es sehr leicht aus. Gehen Sie mit ihm besser ins seichte Wasser, denn hier wärmt sich das Meerwasser viel schneller auf. Halten Sie beim Baden im Meer immer Ausschau nach Quallen! Allzu lange sollten Babys auch aus einem anderen Grund nicht im Meer baden: Das Wasser reflektiert nämlich das Sonnenlicht stärker und dies begünstigt einen Sonnenbrand. Auch beim Planschen muss Ihre kleine Wasserratte daher immer ein Sonnenmützchen tragen. Bei starkem Wind, hohem Wellengang oder allgemeinem Badeverbot (Unterströmungen) ist das Baden im Meer nicht angebracht – auch nicht auf Ihrem Arm, denn es besteht die Gefahr, dass Sie selbst von einer Welle überrascht werden. Sobald Ihr kleiner Entdecker laufen kann, sind Schwimmflügel an Meer und Pool ein Muss! Trotzdem sollten Sie Ihr Kind niemals unbeaufsichtigt lassen.

Ein guter Sonnenschutz: das A und O

Ob im Urlaub oder zu Hause: Im ersten Lebensjahr gehören Babys nicht in die direkte Sonne. Ihre Haut baut noch keine schützenden Pigmente auf und ihr Kreislauf ist noch nicht stabil – Babys sind extrem sonnenbrand- und sonnenstichgefährdet. Ziehen Sie Ihrem kleinen Sonnenschein also leichte, langärmelige und langbeinige Kleidungsstücke über und suchen Sie ein ruhiges, schattiges Plätzchen. Besonders gefährlich ist die

Babys empfindliche Haut braucht eine gut verträgliche Sonnencreme mit hohem Lichtschutzfaktor.

Mittagshitze von 11 bis 15 Uhr. Statt am Strand sollten Sie sich dann drinnen aufhalten und Mittagsruhe halten. Denken Sie daran, dass Ihr Kind jetzt viel trinken möchte. Cremen Sie Ihr Kind immer mit einer Sonnencreme ein, die es gut verträgt (zu Hause testen!), die einen Lichtschutzfaktor von mindestens 30 und einen mineralischen UV-Filter hat. Bei kleinen Wasserratten sind regelmäßiges Nachcremen und ein T-Shirt (auch im Wasser) ein Muss. Ein Sonnenhut, der Kopf und Nacken bedeckt, schützt das Köpfchen vor Hitzeeinstrahlung.

Babys Ernährung im Urlaub

Am einfachsten ist es natürlich, wenn Sie Ihr Baby (noch) stillen. Bekommt es Flaschennahrung, sollten Sie genug Milchpulver mitnehmen. Nicht überall finden Sie die Marke, die Ihr Baby gewohnt ist und verträgt. Auch für Breikinder gilt: Vermeiden Sie unnötigen Stress und nehmen Sie die gewohnten Breie besser mit. Wenn Sie sonst für Ihren kleinen Gourmet selbst kochen, können Sie im Urlaub getrost einmal auf Gläschen zurückgreifen. Testen Sie dann vor Urlaubsantritt die Vorlieben Ihres Juniors, damit Sie im Urlaub keine Überraschung erleben.

Essen im Hotel

Falls Ihr Kind zu Hause bereits am Tisch mitisst, könnte es das im Hotel ebenfalls tun. Vorsicht ist jedoch geboten bei rohem Obst oder Gemüse, nicht durchgegarten Speisen wie etwa Roastbeef, bei Eis und Cremedesserts. Alles andere dürfte kein Problem sein.

Vorsicht mit Leitungswasser!

Leitungswasser birgt ein hohes Risiko für Durchfallerkrankungen. Das Wasser fürs Babyfläschchen sollte daher immer abgekocht werden. Wenn Sie unsicher sind, ob die Wasserqualität gut ist, greifen Sie auf Mineralwasser zurück. Auch sonst geben Sie Ihrem Kind nur Mineralwasser aus der Flasche. Das gilt nicht nur fürs Trinken, sondern auch fürs Zähneputzen. Speisen und Getränke auf Hotelbuffets werden häufig auf Eiswürfeln angerichtet. Diese können eine Quelle für Bakterien und Keime sein, die Durchfall verursachen.

Bücher, die weiterhelfen

Juul, Jesper: Was Familien trägt: Werte in Erziehung und Partnerschaft; Beltz

Klein, Margarita: Schmetterling und Katzenpfoten. Sanfte Massage für Babys und Kinder; Ökotopia

Largo, Remo H.: Babyjahre: Entwicklung und Erziehung in den ersten vier Jahren; Piper

Laue, Birgit; Salomon, Angelika: Kinder natürlich heilen; Rowohlt

Leboyer, Frédérick: Sanfte Hände. Die traditionelle Kunst der indischen Babymassage; Kösel

Lersch, Petra; Haugwitz, Dorothee von: Zwillinge! Gut durch Schwangerschaft, Geburt und erstes Lebensjahr; Trias

Marcovich, Marina; de Jong, Theresia Maria: Frühgeborene. Zu klein zum Leben?; Fischer

Schneider, Vimala: Babymassage: Praktische Anleitung für Mütter und Väter; Kösel

Steininger, Rita: Geborgenheit und Selbstvertrauen. Wie Babys und Kleinkinder ein gutes Körpergefühl entwickeln; Klett-Cotta

Bücher aus dem GRÄFE UND UNZER VERLAG

von Cramm, Dagmar: Das große GU Kochbuch für Babys und Kleinkinder

Gebauer-Sesterhenn, Birgit; Praun, Dr. Manfred: Das große GU Babybuch

Gebauer-Sesterhenn, Birgit; Pulkkinen, Anne; Edelmann, Katrin: Die ersten 3 Jahre meines Kindes

Glaser, Ute: Die Eltern-Trickkiste

Guóth-Gumberger, Márta; Hormann, Elizabeth: Stillen

Klug, Susanne: Die neue Babyernährung. Breie und Fingerfood für die Kleinsten

Laimighofer, Astrid: Babyernährung

Nussbaum, Cordula: Familienalltag locker im Griff

Pulkkinen, Anne: PEKiP: Babys spielerisch fördern

Soldner, Georg; Stellmann, Dr. Michael: Kinderkrankheiten natürlich behandeln

Voormann, Christina; Dandekar, Govin: Babymassage

Adressen, die weiterhelfen

Alltag mit Baby

VAMV Bundesverband e.V.
Hasenheide 70
D-10967 Berlin
www.vamv.de
Der Verband alleinerziehender Mütter und Väter vertritt die Interessen von Familien, in denen ledige, getrennte, geschiedene oder verwitwete Eltern mit ihren Kindern leben.

www.dgbm.de
Bei der Deutschen Gesellschaft für Baby- und Kindermassage finden Sie zertifizierte Kursleiterinnen für Babymassage.

www.trostreich.de
Hier finden Sie Beratungsstellen und viele weitere Hilfsangebote zum Thema Schreibaby.

www.ideen-rund-ums-kind.de
www.swaddle-me.de
Bestelladressen für Ganzkörper-Pucksäcke.

Babyernährung

Forschungsinstitut für Kinderernährung
Heinstück 11
D-44225 Dortmund
www.fke-do.de
Das Forschungsinstitut stellt unter Anwendung/Säuglingsernährung/Beikostdatenbank Informationen über fast alle Beikostprodukte zur Verfügung.

Bücher und Adressen, die weiterhelfen

La Leche Liga e.V.
Louis-Mannstaedt-Str. 19
53840 Troisdorf
www.lalecheliga.de
www.lalecheliga.at
www.lalecheliga.ch
Seit vielen Jahrzehnten gibt es hier stets aktuelle, kompetente Beratung zum Thema Stillen.

Babygesundheit und -sicherheit

Robert-Koch-Institut
Postfach 65 02 61
D-13302 Berlin
www.rki.de
Alles, was in Deutschland mit Impfungen zu tun hat, geschieht auf Anraten der ständigen Impfkommission (STIKO) am Robert-Koch-Institut in Berlin. Sie finden die STIKO-Empfehlungen auf der Website unter Infektionsschutz/Impfen.

Deutscher Allergie- und Asthmabund e.V.
An der Eickesmühle 15-19
D-41238 Mönchengladbach
www.daab.de
Bei Allergien, Neurodermitis und anderen Erkrankungen erhalten Sie Infos zu kompetenter Hilfe in Ihrer Nähe.

www.cranioverband.org
www.upledger.at
www.craniosuisse.ch
Auf diesen Websites finden Sie einen Therapeuten für Craniosacral-Therapie in Ihrer Nähe (in Deutschland, in Österreich und in der Schweiz).

Wachswerk Dirk-Hinrich Otto
Schmachtenbergstraße 172
D-45219 Essen
www.wachswerk.de
Hier erhalten Sie die bei vielen Beschwerden hilfreichen Wachsauflagen in hervorragender Qualität. Ihre Wirkung ist wissenschaftlich bestätigt.

www.kindersicherheit.de
Website der Bundesarbeitsgemeinschaft »Mehr Sicherheit für Kinder e. V.« mit zahlreichen Infos zum Thema.

Frühgeborene

Bundesverband »Das frühgeborene Kind« e.V.
Speyerer Straße 5–7
D-60327 Frankfurt am Main
www.fruehgeborene.de
Hier bekommen Sie umfangreiches Infomaterial und können sich mit anderen Eltern in Foren zum Thema Frühgeborene und anderen Baby-Themen austauschen.

www.fruehchen.de
Auf dieser von Eltern angelegten Website finden Sie kompetente Ansprechpartner in Ihrer Nähe.

Hebammen

Deutscher Hebammenverband (DHV) e. V.
Gartenstraße 26
D-76133 Karlsruhe
www.hebammenverband.de

Bund freiberuflicher Hebammen Deutschlands e.V.
Kasseler Straße 1a
D-60486 Frankfurt am Main
www.bfhd.de

Österreichisches Hebammen-Gremium
Landstraßer Hauptstraße 71/2
A-1030 Wien
www.hebammen.at

Schweizerischer Hebammenverband
Rosenweg 25 c
CH-3000 Bern 23
www.hebamme.ch

Register

A
Abstillen 24, 25, 34
Allergie 57, 124, 125
Anlegen, frühes 8, 13
Ansaugschmerz 26
Auto-Babyschale 145
Autofahren 145, 146, 151

B
Babybalkon 81
Babybett 81
Babykleidung 77, 78
Babymassage 72, 73, 74, 75
Babynahrung zubereiten 41
Baden 66, 67
Baucheinreibung 139, 141
Bauchmassage 139
Bauchweh 138, 139
Bäuerchen 17
Bedding-in 103
Beikost 24, 25, 40, 48, 51, 56, 57
Beißen beim Stillen 27
Bergwandern 154
Bezugspersonen 88, 100, 110
Blähungen 41
Blickkontakt, erster 8
Bonding 7
Brei 48, 49, 51, 52, 53, 54, 60
Brustentzündung 30
Brustwarzenformer 32
Buggy 146

C
Co-Sleeping 103
Craniosacraltherapie 91

D
Dauernuckeln 61
Daumenlutschen 100
Drehen 82, 83, 89, 92
Durchfall 40, 139
Durchschlafen 108, 109

E
Einschlafen 106
Einwegwindeln 70
Engelslächeln 90
Erbrechen 141
Erkältung 132, 134
Ernährung im Urlaub 155
Ernährungsumstellung 40, 59
Erziehung 98
Essverhalten 61
Exzessives Schreien 114

F
Fahrradfahren 149
Familienbett, schlafen im 9, 103
Familientisch 59
Fernreisen 150
Fieber 136, 137
Fläschchen 23, 33, 38, 41, 42, 43, 140
Fläschchenreinigung 44
Fluorid 122
Folgenahrung 39
Frühchen 36

G
Gehör 91
Getränke 61
Gewichtszunahme 18
Gläschenkost 53
Glutenfreie Nahrung 57

H
Haarpflege 67
Halswirbelsäule, Fehlstellung 91
HA-Nahrung 39, 45
Haushalt, Sicherheit im 81, 82, 85
Haustiere 125
Haut 65, 66, 67, 68, 70, 75, 78
Hautfalten 68, 70
Hautpflege 68, 128
Hautprobleme 68, 128, 129
Hebamme 14, 16, 20, 22, 24, 27, 33, 65, 75, 148
Hohlwarzen 31
Hüftgelenke 123, 147
Husten 121, 133

I
Immunsystem, kindliches 7, 13, 39, 44, 57, 90, 124, 129, 134
Impfen 126, 127
Intimpflege 69

K
Kaiserschnitt, Stillen nach 35
Kinderarzt 21, 40, 45, 54, 90, 93, 111, 118, 120, 127, 135
Kindstod, plötzlicher 103
KISS-Syndrom 91
Kolostrum 13
Körpertemperatur 82
Krabbeln 83, 84, 93, 94
Kuhmilch 45, 55

L
Laktose 38, 41
Lauflernhilfen 93

Leitungswasser 42, 61, 140, 155
Lippen-Kiefer-Gaumen-Spalte 37

M
Milchbildung 22
Milchbildungstee 22
Milchbrei 55
Milcheinschuss 14
Milchpumpe 32, 33
Milchstau 29
Milien 128
Mittelohrentzündung 134, 135
Möbel fürs Baby 80, 81
Mundsoor 141
Muttermilch 14, 20, 23, 29
Muttermilch einfrieren 33
Mützchen 8, 78

N
Nabelabheilung 65
Nabelpflege 65
Nabelschnur 65
Nägel schneiden 68, 69
Neurodermitis 79, 129

O
Obst-Getreide-Brei 53
Ohren reinigen 68
Ohrenschmerzen 135
Oxytozin 8, 13

P
PEKiP 97
Po, wunder 70
Pucken 107
Pucksack 107
Pulswickel 137

R
Regulationsstörung 114
Reiseapotheke 152
Reisen mit Baby 151
Reisepass fürs Baby 153
Reiseversicherungen 153
Rituale 51

S
Sauger 44
Saugreflex 8, 12
Saugschluss 15
Saugverwirrung 20
Schaffell 104
Schiefhals 91
Schielen 91
Schlafen 104, 105
Schlafrhythmus 105, 109
Schnuller 17, 100, 101
Schnupfen 120, 132, 133, 141
Schreibaby 104, 105
Schreien 98
Schütteln 115
Singen 85
Sonnenschutz 71, 154
Spielzeug 84, 85
Spucken 21, 40
Stillen 12, 19, 24
Stillgruppe 24
Stillhütchen 28
Stillpositionen 16
Stoffwindeln 70
Stuhlgang 22, 59
Süßigkeiten 56, 60

T
Tee 22, 113, 120, 121, 133, 140

Tragehilfe 147, 148
Tragetuch 9, 147, 148, 149
Trageweisen 149
Trinkbecher 50, 61
Trinkmenge 19, 39
Trisomie-21-Syndrom 37

U
Übergangsmilch 14
Urlaub mit Baby 150
UV-Strahlen 78

V
Väter 6
Vegetarische Ernährung 54
Verdauungsbeschwerden 17
Verstopfung 40, 41, 140
Verwöhnen 9
Vitamin D 122
Vordermilch 14
Vormilch 13
Vorsorgeuntersuchungen 119

W
Wachstum 89, 90
Wadenwickel 137
Weinen 97, 111
Wickeln 82

Z
Zahnen 124
Zahnpflege 124
Zöliakie 57
Zwiebelsäckchen 135
Zwiebelschalenprinzip 79
Zwiebelsöckchen 133
Zwillinge 36, 37

Impressum

© 2012 GRÄFE UND UNZER VERLAG GmbH, München.

Alle Rechte vorbehalten. Nachdruck, auch auszugsweise, sowie Verbreitung durch Bild, Funk, Fernsehen und Internet, durch fotomechanische Wiedergabe, Tonträger und Datenverarbeitungssysteme jeder Art nur mit schriftlicher Genehmigung des Verlages.

Projektleitung: Monika Rolle

Lektorat: Rita Steininger

Bildredaktion: Henrike Schechter

Satz: Christopher Hammond

Layout und Umschlaggestaltung: independent Medien-Design, Horst Moser, München

Herstellung: Markus Plötz

Lithos: Repro Ludwig, Zell am See

Druck und Bindung: Printer Trento

ISBN 978-3-8338-2501-9

4. Auflage 2015

Die GU-Homepage finden Sie im Internet unter www.gu.de

 www.facebook.com/gu.verlag

Ein Unternehmen der
GANSKE VERLAGSGRUPPE

Bildnachweis:

A1Pix – your photo today: S. 86 Mitte, 90, 114. All medical – your photo today: S. 42, 50 unten, 145. bab.ch Bild- und Filmagentur: S. 19. Bildmaschine: S. 62 unten. Corbis: U1 oben, S. 10 unten, 125, 126, 142 oben. DJV Bildportal: S. 136, 154. F1 Online: U4 unten, S. 25 unten, 39, 43, 46 Mitte, 79, 112, 113, 116 oben, 133, 142 unten, 146. Fotalia: S. 71, 85. Fotex Medien Agentur: S. 31. Getty Images: U1 Mitte, U4 oben, S. 10 Mitte, 14, 21, 25 oben, 30, 36, 46 unten, 53, 56, 83 unten, 84, 94, 116 Mitte, 119, 122, 149. GU: S. 15 (A. Peisl); S. 2, 16, 35, 86 oben u. unten, 92, 93, 97 unten, 98, 103, 107, 139 (P. Ender); S. 20, 41, 66, 83 oben, 115, 123, 148 (S. Seckinger); S. 22, 57 (J. Rynio); S. 69 (A. Anders); S. 121 (M. Weber). Kids Images: S. 100. Masterfile: S. 4, 7, 3, 9, 13, 27, 62 Mitte, 99. Mauritius images: S. 130. Medela AG, Switzerland: S. 28, 32. Pannemann, WVP GmbH: S. 17 Picture Press: S. 142 Mitte. Plainpicture: U1 unten, S. 8, 10 oben, 29, 49, 78, 81, 108, 116 unten, 152. Salomon, Angelika: S. 46 oben, 73, 74, 135, 140, Klappe hinten. Shutterstock: Alle grafischen Muster und Ikons. Stills online: S. 105. StockFood: S. 50 oben, 60, 129, 131, 151. Topic Media Service: S. 153. Ullstein Bild: S. 62 oben, 155. vario images: S. 33.

Syndication:
www.jalag-syndication.de

Wichtiger Hinweis:

Die Informationen und Ratschläge in diesem Buch stellen die Meinung bzw. Erfahrung der Autorin dar. Sie wurden von ihr nach bestem Wissen erstellt und mit größtmöglicher Sorgfalt geprüft. Es ist Ihre Entscheidung in eigener Verantwortung, ob und inwieweit Sie die in diesem Buch dargestellten Methoden, Tipps und Maßnahmen anwenden möchten und können. Weder Autorin noch Verlag können für eventuelle Nachteile oder Schäden, die aus den im Buch gegebenen praktischen Hinweisen resultieren, eine Haftung übernehmen.

Liebe Leserin, lieber Leser,

haben wir Ihre Erwartungen erfüllt? Sind Sie mit diesem Buch zufrieden? Haben Sie weitere Fragen zu diesem Thema? Wir freuen uns auf Ihre Rückmeldung, auf Lob, Kritik und Anregungen, damit wir für Sie immer besser werden können.

GRÄFE UND UNZER Verlag
Leserservice
Postfach 86 03 13
81630 München
E-Mail:
leserservice@graefe-und-unzer.de

Telefon: 00800 / 72 37 33 33*
Telefax: 00800 / 50 12 05 44*
Mo–Do: 8.00–18.00 Uhr
Fr: 8.00–16.00 Uhr
(* gebührenfrei in D, A, CH)

Ihr GRÄFE UND UNZER Verlag
Der erste Ratgeberverlag – seit 1722.